Schweizer Würste sind seit dem Mittelalter belegt. Aber nicht nur die lange Tradition ist beeindruckend, sondern auch die enorme Vielfalt: Heute kennt unser Land rund 400 Wurstsorten!

Gerade in jüngerer Zeit interessieren sich wieder viele Leute für diese spannenden Produkte. Im Zuge der Globalisierung – auch auf dem Teller – steigt die Nachfrage nach Qualitätsprodukten aus dem eigenen Land, die Charakter und Qualität haben. Und so rücken die Würste, einige Zeit etwas stiefmütterlich behandelt, wieder ins Blickfeld vieler Köche und Geniesser.

Würste sind in der Tat vielseitig in der Zubereitung, raffiniert gewürzt und variantenreich in der Textur – kurz: eine wundervolle Basis für köstliche Rezepte.

Wir haben mit den ausgewiesenen Wurstspezialisten von Bell in der Testküche getüftelt. Das Resultat: Gerichte, die unser Testteam ins Schwärmen brachten. Und natürlich geben wir die vielen Tipps und Tricks vom Fachmann sowie interessante Hintergrundinformationen rund um die Wurst gern an Sie weiter.

Betty Bossi

Herausgegeben von der Betty Bossi AG, Postfach, 8021 Zürich.

Inhalt

4 Fingerfood und Vorspeisen
Der richtige Auftakt für jede Einladung und Party, von unkompliziert bis überraschend

26 Nostalgiegerichte
Heiss geliebte Klassiker und herrliche Kindheitserinnerungen zum Schwelgen

50 Regionale Spezialitäten
Traditionswürste und regionale Leckerbissen für ganz besondere Verwöhnmomente

66 Deftig und wärmend
Genau das Richtige nach einem Spaziergang im Herbststurm oder nach dem Wintersport

88 Wurst ist nicht Wurst
Tipps und Wissenswertes rund um die Wurst

FINGERFOOD & VORSPEISEN

Der richtige Auftakt für jede Einladung und Party, von unkompliziert bis überraschend

~

WIENERLI-KISSEN

Vor- und zubereiten: ca. 25 Min.
Backen: ca. 18 Min.
Ergibt 12 Stück

250 g	**Blätterteig**	rechteckig ca. 2 mm dick auswallen, in 12 gleich grosse Rechtecke schneiden, auf ein mit Backpapier belegtes Blech legen
2 Esslöffel	**grobkörniger Senf**	Teigstücke damit bestreichen
4	**Wienerli,** schräg in ca. 1½ cm dicken Rugeli	
2 Esslöffel	**grobkörniger Senf**	mischen, auf den Teigstücken verteilen
12	**Cherry-Tomaten,** in Vierteln	darauf verteilen
1 Esslöffel	**Rosmarinnadeln**	zum Darüberstreuen

Backen: ca. 18 Min. in der Mitte des auf 220 Grad vorgeheizten Ofens. Herausnehmen, Rosmarin darüberstreuen.

Tipp: 500 g Blätterteig am Block, halbiert, verwenden. Eine Teighälfte gut verpackt tiefkühlen. Haltbarkeit: ca. 2 Monate.

Stück: 127 kcal, E 4 g, Kh 9 g, F 8 g

WIENERLI ODER FRANKFURTERLI?

> In Frankfurt am Main wird die Frankfurter Wurst seit dem Mittelalter hergestellt. Auch das ähnliche Wiener Würstchen soll hier entstanden sein. Dies ist allerdings seit Langem ein Streitpunkt. Denn der gelernte Frankfurter Metzger Johann Georg Lahner (1772–1845) wanderte Anfang des 19. Jahrhunderts nach Wien aus, wo er mit seinem Frankfurter genannten Würstchen sehr erfolgreich war. Das Rezept hatte er aus Frankfurt mitgebracht, in Wien allerdings angepasst. Denn während in Frankfurt Schweine- und Rindermetzger noch streng getrennt waren, galt dies nicht für Wien. Daher konnte Lahner dem Wurstbrät Rindfleisch beimischen.
> In Österreich hat sich der Name Frankfurter Würstchen etabliert, während die Wurst mit Rindfleisch in der Schweiz und in Deutschland als Wienerli oder Wiener Würstchen bekannt ist.

WURST-KÄSE-SALAT MIT RETTICH

Vor- und zubereiten: ca. 20 Min.
Ziehen lassen: ca. 30 Min.

2 Esslöffel	**Weissweinessig**	
3 Esslöffel	**Rapsöl**	
1 Esslöffel	**Quittengelee** oder milder Senf	
¼ Teelöffel	**Salz**, wenig **Pfeffer**	alles verrühren
250 g	**Rettich**, fein gehobelt	
3	**Cervelats**, geschält, längs halbiert, in Scheiben	
100 g	**Bergkäse** (z. B. Gstaader), in Scheibchen	
2 Esslöffel	**Petersilie**, fein geschnitten	alles beigeben, mischen, zugedeckt ca. 30 Min. ziehen lassen

Dazu passt: geröstetes Brot.

Portion: 412 kcal, E 18 g, Kh 4 g, F 36 g

GUGELHOPF MIT FRANKFURTERLI

Vor- und zubereiten: ca. 30 Min.
Aufgehen lassen: ca. 2½ Std.
Backen: ca. 50 Min.
Für eine Gugelhopfform von ca. 2½ Litern, gefettet

500 g	**Mehl**	
3 Esslöffel	**Majoran,** fein geschnitten	in einer Schüssel mischen, eine Mulde eindrücken

Vorteig

½ Würfel	**Hefe** (ca. 20 g), zerbröckelt	
1 dl	**Milch**	
2 Prisen	**Zucker**	alles in der Mulde zu einem dünnen Brei anrühren, mit wenig Mehl bestäuben. Stehen lassen, bis der Brei schäumt (ca. 30 Min.)

1 Teelöffel	**Salz**	
ca. 1½ dl	**Milch**	
150 g	**Butter,** weich	
1	**Ei**	alles beigeben, mischen, zu einem weichen, glatten Teig kneten. Zugedeckt bei Raumtemperatur ca. 1½ Std. aufs Doppelte aufgehen lassen

4	**Frankfurterli,** längs halbiert, in Scheibchen	
2	**Landjäger,** geschält, in Würfeli	
50 g	**Haselnüsse,** grob gehackt	alles rasch unter den Teig kneten. Teig in die vorbereitete Form geben. Zugedeckt bei Raumtemperatur nochmals ca. 30 Min. aufgehen lassen

Backen: ca. 50 Min. in der unteren Hälfte des auf 200 Grad vorgeheizten Ofens. Herausnehmen, etwas abkühlen, auf ein Gitter stürzen, auskühlen.

Stück (¹⁄₁₆): 272 kcal, E 8 g, Kh 23 g, F 16 g

TIPPS

> So lassen sich harte Landjäger einfacher schälen: Kurz mit kaltem Wasser abspülen, schälen.
> Wurst-Gugelhopf schmeckt frisch am besten.

WURSTSPIESSLI MIT WASABI-DIP

Vor- und zubereiten: ca. 20 Min.
Backen: ca. 15 Min.
Ergibt 8 Stück

8	**Radiesli**	wenig Grün der Radiesli fein schneiden, beiseite stellen. Radiesli halbieren
¼ Teelöffel	**Salz**	salzen
2	**Geflügelbratwürste,** in ca. 1½ cm dicken Rugeli	
8	**Holzspiesschen**	Wurstrugeli und Radiesli an die Spiesschen stecken
1 Esslöffel	**Rapsöl**	Spiessli damit bestreichen, auf ein mit Backpapier belegtes Blech legen

Backen: ca. 15 Min. in der oberen Hälfte des auf 220 Grad vorgeheizten Ofens.

50 g	**Wasabi-Nüsse,** grob gehackt	
2 dl	**saurer Halbrahm**	
1 Esslöffel	**Wasabi-Paste**	
¼ Teelöffel	**Salz**	alles mit dem beiseite gestellten Radiesligrün mischen, zu den Spiessli servieren

Portion: 255 kcal, E 8 g, Kh 7 g, F 22 g

FAUSTBROTE

Vor- und zubereiten: ca. 25 Min.

125 g	**Magerquark**	
2 Esslöffel	**getrocknete Cranberrys,** grob gehackt	
1	**Mini-Lattich,** in feinen Streifen	
¼ Teelöffel	**Salz,** wenig **Pfeffer**	alles mischen
4 Scheiben	**Ruchbrot** (z. B. St. Galler), halbiert	Quarkmasse auf den Brotscheiben verteilen
½ Esslöffel	**Olivenöl**	in einer Bratpfanne heiss werden lassen, Hitze reduzieren
2	**Schweinsbratwürste**	bei mittlerer Hitze beidseitig je ca. 6 Min. braten, in feine Rugeli schneiden, auf 4 Brotscheiben verteilen, restliche Brotscheiben darauflegen

Portion: 354 kcal, E 18 g, Kh 25 g, F 20 g

BRATWURST-FRITTATA

Vor- und zubereiten: ca. 40 Min.

	Öl zum Braten	in einer beschichteten Bratpfanne (ca. 24 cm ⌀) heiss werden lassen, Hitze reduzieren
2	**Kalbsbratwürste,** in ca. 1 cm dicken Rugeli	bei mittlerer Hitze ca. 3 Min. anbraten, herausnehmen, evtl. wenig Öl beigeben
400 g	**fest kochende Kartoffeln,** in ca. 5 mm dicken Scheiben	ca. 10 Min. anbraten
¼ Teelöffel	**Salz,** wenig **Pfeffer**	würzen, Bratwürste wieder beigeben
2	**Bundzwiebeln mit dem Grün,** Zwiebeln fein gehackt, Grün in Ringen	
150 g	**tiefgekühlte Erbsli**	alles beigeben, ca. 3 Min. weiterbraten
6	**frische Eier**	
3 Esslöffel	**Pfefferminze,** fein geschnitten	
¾ Teelöffel	**Salz,** wenig **Pfeffer**	alles in einer Schüssel verklopfen, in die Pfanne giessen. Zugedeckt bei kleiner Hitze ca. 20 Min. fest, aber nicht trocken werden lassen. Einen flachen Teller auf die Pfanne legen, Frittata auf den Teller stürzen. Wenig Öl in die Pfanne geben, Frittata zurück in die Pfanne gleiten lassen, offen ca. 10 Min. fertig backen

Portion (⅙): 377 kcal, E 23 g, Kh 20 g, F 22 g

TIPPS

> Statt Bratwürste 3 Cervelats, geschält, verwenden.

> Statt Pfefferminze Schnittlauch oder Petersilie verwenden.

> Frittata als Vorspeise für 4–6 Personen oder in kleineren Portionen zum Aperitif servieren.

WURST-TATAR

Vor- und zubereiten: ca. 20 Min.

3 Esslöffel	**Apfelessig**	
3 Esslöffel	**Olivenöl**	
1 Stängel	**Stangensellerie,** in Würfeli	
1	**Schalotte,** fein gehackt	
2 Esslöffel	**glattblättrige Petersilie,** fein geschnitten	alles gut verrühren
180 g	**Salametti** (z. B. Pepone), in sehr feinen Würfeli	
40 g	**Rucola,** grob geschnitten	daruntermischen
nach Bedarf	**Salz, Pfeffer**	würzen
4 Scheiben	**Buttertoastbrot,** getoastet	zum Tatar servieren

Portion: 331 kcal, E 13 g, Kh 11 g, F 26 g

CIPOLLATAS IM PASTATEIG

Vor- und zubereiten: ca. 20 Min.
Backen: ca. 10 Min.
Ergibt 12 Stück

12 Tranchen	**Bauernspeck**	auf der Arbeitsfläche auslegen
12	**Salbeiblätter**	darauflegen
12	**Cipollatas**	mit dem Speck umwickeln
1 Rolle	**Pastateig**	entrollen, quer halbieren. Teighälften mit einem gezackten Teigrädli längs in je 6 Streifen schneiden. Cipollatas mit den Teigstreifen umwickeln, auf ein mit Backpapier belegtes Blech legen
1	**Ei,** verklopft	Teig bestreichen

Backen: ca. 10 Min. in der oberen Hälfte des auf 220 Grad vorgeheizten Ofens.

Tipp: Statt Salbei 12 Bärlauchblätter, längs gefaltet, verwenden.

Stück: 153 kcal, E 7 g, Kh 6 g, F 11 g

SALAMIWAFFELN MIT TOMATENSALAT

Vor- und zubereiten: ca. 30 Min.
Backen im Waffeleisen: pro Portion ca. 4 Min.
Ergibt ca. 20 Stück

200 g	**Mehl**	
½ Esslöffel	**Backpulver**	
2 Esslöffel	**Thymianblättchen**	
½ Teelöffel	**Salz,** wenig **Pfeffer**	alles in einer Schüssel mischen
2½ dl	**Milch**	
2	**frische Eier**	verklopfen, darunterrühren
100 g	**Salami am Stück** (z. B. Milano), geschält, in sehr feinen Würfeli	daruntermischen
	Bratbutter	zum Backen

Backen: Waffeleisen heiss werden lassen, mit wenig Bratbutter bestreichen. ¼ des Teigs auf das Waffeleisen geben, Waffeln bei mittlerer Stufe ca. 4 Min. backen. Herausnehmen, auf einem Gitter etwas abkühlen. Mit restlichem Teig gleich verfahren.

2 Esslöffel	**Aceto balsamico bianco**	
4 Esslöffel	**Olivenöl**	
½ Teelöffel	**Salz,** wenig **Pfeffer**	alles verrühren
500 g	**rote und gelbe Cherry-Tomaten,** in Scheiben	
1 Esslöffel	**Thymian,** fein geschnitten	beigeben, mischen, zu den lauwarmen Waffeln servieren

Portion: 503 kcal, E 19 g, Kh 45 g, F 27 g

WURSCHT-CHÜECHLI

Vor- und zubereiten: ca. 25 Min.
Quellen lassen: ca. 30 Min.
Ergibt ca. 35 Stück

Vorbereiten: Ofen auf 60 Grad vorheizen, Platte, mit Haushaltpapier belegt, vorwärmen.

100 g	**Mehl**	
¼ Teelöffel	**Salz**, wenig **Pfeffer**	in einer Schüssel mischen
1 dl	**helles Bier**	dazugiessen, glatt rühren
2	**frische Eigelbe**	
2 Esslöffel	**Petersilie**, fein geschnitten	darunterrühren, zugedeckt bei Raumtemperatur ca. 30 Min. quellen lassen
2	**frische Eiweisse**	
1 Prise	**Salz**	zusammen steif schlagen, sorgfältig unter den Teig ziehen
3	**Aussteller (Schützenwurst)**	schälen, in ca. 1 cm dicke Rugeli schneiden
	Öl zum Braten	in einer beschichteten Bratpfanne heiss werden lassen. Wurstrugeli einzeln in den Teig tauchen, portionenweise beidseitig je ca. 1½ Min. backen, warm stellen, dabei Ofentür mit einem Kellenstiel einen Spaltbreit offen halten

Tipp: Doppelte Menge zubereiten und mit einem Salat als Hauptgang servieren.

Stück: 58 kcal, E 2 g, Kh 2 g, F 5 g

WIE DIE WURST ZU IHREM NAMEN KAM

> Ein Metzgermeister von Bell erhielt Anfang des 20. Jahrhunderts eine Einladung zu einer Ausstellung in Strassburg. Als Visitenkarte seines Handwerks brachte er eine neue Spezialität mit: die Boule de Bâle. Die Wurst kam sehr gut an, sodass sie ab diesem Zeitpunkt als Strassburger auch an Messen in Basel zum Angebot der Bell-Stände gehörte. Mit der Zeit hat sich der Name Aussteller im Volksmund durchgesetzt, da die Wurst vor allem an Messen genossen wurde.

WÜRSTLI-MISSISSIPPI-CAKE

Vor- und zubereiten: ca. 25 Min.
Backen: ca. 1 Std.
Für eine Cakeform von ca. 28 cm,
mit Backpapier ausgelegt

½ Esslöffel	**Olivenöl**	in einer Pfanne warm werden lassen
1	**Zwiebel,** fein gehackt	andämpfen
300 g	**Bohnen,** in kleinen Stücken	
¼ Teelöffel	**Salz**	zugedeckt bei mittlerer Hitze ca. 5 Min. mitdämpfen, auskühlen
300 g	**Halbweissmehl**	
2 Esslöffel	**Curry**	
1 Esslöffel	**Backpulver**	
1 Teelöffel	**Salz**	alles in einer Schüssel mischen
2 dl	**Milch**	
½ dl	**Olivenöl**	
3	**Eier**	zusammen verklopfen, beigeben, verrühren, Gemüse daruntermischen
4	**Schweinswürstli**	davon 1 Würstli dritteln

Einfüllen: ⅓ des Teiges in der vorbereiteten Form verteilen. 2 Würstli mit etwas Abstand darauflegen, mit 2 Wurstdritteln die Länge auffüllen. Die Hälfte des Teiges darauf verteilen, restliche Wurst darauflegen, mit dem restlichen Teig bedecken.

Backen: ca. 1 Std. in der Mitte des auf 180 Grad vorgeheizten Ofens. Herausnehmen, etwas abkühlen, aus der Form nehmen, lauwarm servieren.

Tipp: Der Cake schmeckt frisch am besten.

Stück (1/16): 159 kcal, E 7 g, Kh 15 g, F 8 g

MISSISSIPPI-CAKE

> 1982 erschien im Betty Bossi Buch «Kuchen, Cakes und Torten» das Rezept Mississippi-Cake, ein Schokoladecake mit Schoggistängeli. Es wurde ein Riesenhit. Das Prinzip war so beliebt, dass weitere Varianten folgten: der helle Mississippi-Cake mit dunklen Schoggistängeli und schliesslich auch eine pikante Version mit Mini-Zucchini im würzigen Kalbsbrät! Die neuste Variante mit würzigen Schweinswürstli und Curry ist ebenfalls hitverdächtig, ob als Vorspeise mit einem grünen Salat serviert oder einfach so zum Aperitif genossen!

WAADTLÄNDER PATTIES

Vor- und zubereiten: ca. 40 Min.
Backen: ca. 20 Min.
Ergibt 8 Stück

2	**Waadtländer Grillschnecken** (je ca. 130 g)	entrollen, Haut längs einschneiden, Brät herauslösen, in eine Schüssel geben
1 kleine	**Zwiebel,** fein gehackt	
1	**Tomate,** entkernt, in Würfeli	
1	**roter Chili,** entkernt, in feinen Streifen	
1 Esslöffel	**Basilikum,** fein geschnitten	
1 Esslöffel	**Oregano,** fein geschnitten	
1 Esslöffel	**Thymianblättchen**	
½ Teelöffel	**Curry**	
½ Teelöffel	**Paprika**	
½ Teelöffel	**schwarzer Pfeffer**	alles beigeben, gut mischen
½ Esslöffel	**Olivenöl**	in einer beschichteten Bratpfanne heiss werden lassen. Fleischmischung ca. 3 Min. anbraten
1 dl	**Weisswein**	dazugiessen, Hitze reduzieren, bei mittlerer Hitze ca. 5 Min. kochen, bis die Flüssigkeit vollständig eingekocht ist
nach Bedarf	**Salz**	salzen, Füllung auskühlen
1	**ausgewallter Kuchenteig** (25 × 42 cm)	längs halbieren, quer vierteln
1	**Ei,** verklopft	zum Bestreichen

Formen: Füllung auf eine Hälfte der Teigstücke geben. Freie Teighälften mit Ei bestreichen, über die Füllung legen, Ränder mit einer Gabel gut andrücken. Patties auf ein mit Backpapier belegtes Blech legen, mit Ei bestreichen, mit einer Gabel je 3-mal einstechen.

Backen: ca. 20 Min. in der Mitte des auf 200 Grad vorgeheizten Ofens.

Stück: 267 kcal, E 9 g, Kh 17 g, F 17 g

Nostalgiegerichte

Heiss geliebte Klassiker und
herrliche Kindheitserinnerungen
zum gemütlichen Schwelgen

✳

ZÜRI-CHRÄBS MIT HÄRDÖPFELSALAT

Vor- und zubereiten: ca. 1 Std.

Kartoffelsalat

1 dl	**Gemüsebouillon**	
3 Esslöffel	**Weissweinessig**	
3	**Schalotten,** in feinen Ringen	zusammen aufkochen, Hitze reduzieren, ca. 1 Min. köcheln, in eine Schüssel giessen
3 Esslöffel	**Mayonnaise**	
1 Esslöffel	**milder Senf**	darunterrühren
800 g	**Gschwellti** (fest kochende Sorte), heiss	schälen, evtl. halbieren, in Scheiben schneiden, mit der Sauce mischen, zugedeckt ca. 20 Min. ziehen lassen
3 Esslöffel	**Schnittlauch,** fein geschnitten	daruntermischen
nach Bedarf	**Salz, Pfeffer**	würzen

Züri-Chräbse

1 Esslöffel	**Bratbutter**	in einer Bratpfanne heiss werden lassen
4	**Cervelats,** Enden kreuzweise ca. 3 cm tief eingeschnitten	rundum ca. 10 Min. braten, mit dem Kartoffelsalat servieren

Portion: 499 kcal, E 16 g, Kh 20 g, F 39 g

TIPPS

> Kartoffelsalat saugt die Sauce schnell auf. Evtl. vor dem Servieren ca. 3 Esslöffel Bouillon oder Wasser beigeben, mischen.

> Cervelats werden in der Regel vor dem Braten oder Grillieren eingeschnitten, da die Haut beim Erhitzen unschön platzen kann. So kann der Dampf aus der Wurst austreten. Mit dem klassischen kreuzweisen Einschnitt bilden sich die dekorativen Züri-Chräbse.

BRIOCHE-TÖPFLI MIT SAUCISSES AUX CHOUX

Vor- und zubereiten: ca. 40 Min.
Aufgehen lassen: ca. 1½ Std.
Backen: ca. 35 Min.
Für 4 ofenfeste Gläser von je ca. 5 dl

Brioche-Teig

300 g	**Mehl**	in eine Schüssel geben, eine Mulde eindrücken

Vorteig

½ Würfel	**Hefe** (ca. 20 g), zerbröckelt	
1 dl	**Milch**	
2 Prisen	**Zucker**	alles in der Mulde zu einem dünnen Brei anrühren, mit wenig Mehl bestäuben. Stehen lassen, bis der Brei schäumt (ca. 30 Min.)

1 Teelöffel	**Salz**	
12	**Wacholderbeeren,** fein gehackt	
2	**Eier**	
120 g	**Butter,** weich	alles beigeben, mit einer Kelle oder dem Handrührgerät mischen, zu einem weichen, glatten Teig kneten. Zugedeckt bei Raumtemperatur ca. 1 Std. aufs Doppelte aufgehen lassen

Saucisses

2	**Saucisses aux choux** (je ca. 350 g)	
	Wasser, siedend	Würste knapp unter dem Siedepunkt ca. 30 Min. ziehen lassen, herausnehmen, abtropfen, in ca. 2 cm dicke Rugeli schneiden, evtl. schälen
500 g	**gekochtes Sauerkraut,** gut ausgedrückt	in die Gläser verteilen, Wurst darauf verteilen
2 Esslöffel	**Gin,** nach Belieben	darüberträufeln
1	**Ei,** verklopft	zum Bestreichen

Formen: Teig in 4 Portionen teilen, je zu einer ca. 70 cm langen Rolle formen, schneckenförmig zu Türmchen aufrollen, auf die Wurst geben, mit Ei bestreichen. Gläser auf ein Blech stellen.

Backen: ca. 35 Min. in der Mitte des auf 180 Grad vorgeheizten Ofens.

Tipp: Das Gericht kann auch in einer Gratinform (ca. 2 Liter) zubereitet werden. Die 4 Teigtürmchen mit etwas Abstand nebeneinander auf die Wurst legen.

Portion: 1193 kcal, E 33 g, Kh 60 g, F 86 g

ZITRONEN-GERSTENSUPPE MIT KNACKERLI

Vor- und zubereiten: ca. 1½ Std.
Ergibt ca. 1¼ Liter

1 Esslöffel	**Butter**	in einer Pfanne warm werden lassen
200 g	**Lauch,** in feinen Streifen	
150 g	**Sellerie,** in Würfeli	
2	**Rüebli,** in Würfeli	
2 Stängel	**Zitronengras,** gequetscht	alles ca. 3 Min. andämpfen
80 g	**Rollgerste**	beigeben, kurz dünsten
1 Liter	**Fleischbouillon**	dazugiessen, aufkochen, Hitze reduzieren, zugedeckt bei kleiner Hitze ca. 1 Std. köcheln. Zitronengras entfernen
nach Bedarf	**Salz, Pfeffer**	würzen
1 dl	**Halbrahm**	
8	**Knackerli,** in Rugeli	beigeben, nur noch heiss werden lassen
3 Esslöffel	**Schnittlauch,** fein geschnitten	darüberstreuen

Portion: 605 kcal, E 26 g, Kh 23 g, F 46 g

SPAGHETTI LANDJÄGER ART

Vor- und zubereiten: ca. 45 Min.

1 Esslöffel	**Rapsöl**	in einer Pfanne warm werden lassen
2	**Zwiebeln,** fein gehackt	
1	**Knoblauchzehe,** gepresst	andämpfen
250 g	**Champignons,** in Scheiben	
¼ Teelöffel	**Salz**	zugedeckt ca. 2 Min. mitdämpfen
1 Dose	**gehackte Tomaten** (ca. 400 g)	
2 Esslöffel	**Tomatenpüree**	
1½ dl	**Wasser**	
½ Teelöffel	**Salz,** wenig **Pfeffer**	alles beigeben, aufkochen, bei kleiner Hitze ca. 25 Min. köcheln
4	**Landjäger,** geschält, längs halbiert, in feinen Scheiben	
2 Esslöffel	**Majoran,** grob geschnitten	beigeben, nur noch heiss werden lassen
400 g	**Spaghetti**	
	Salzwasser, siedend	Spaghetti al dente kochen, abtropfen, mit der Sauce servieren

Portion: 647 kcal, E 23 g, Kh 74 g, F 28 g

CHÜSCHTIGE BLUTWURST AUF RAHMWIRZ

Vor- und zubereiten: ca. 40 Min.
Ziehen lassen: ca. 30 Min.

Wirz

½ Esslöffel	**Butter**	in einer Pfanne warm werden lassen
1	**Zwiebel,** fein gehackt	andämpfen
600 g	**Wirz,** in feinen Streifen	
¾ Teelöffel	**Salz,** wenig **Pfeffer**	alles beigeben, zugedeckt bei mittlerer Hitze ca. 5 Min. mitdämpfen
1 dl	**Gemüsebouillon**	
1 dl	**Vollrahm**	
2 Esslöffel	**Preiselbeerkonfitüre**	alles beigeben, zugedeckt ca. 10 Min. köcheln, zugedeckt beiseite stellen

Blutwurst

5 dl	**Wasser**	in einer beschichteten Bratpfanne aufkochen, Hitze reduzieren
4	**Blutwürste** (je ca. 200 g)	beigeben, zugedeckt bei kleinster Hitze ca. 30 Min. ziehen lassen, Würste dabei einmal wenden. Würste herausnehmen, Wasser abgiessen
4 Scheiben	**Weissbrot**	auf die Würste legen. Würste mit einer Gabel durch das Brot mehrmals einstechen. Brot in Würfel schneiden
2 Esslöffel	**Bratbutter**	in derselben Pfanne heiss werden lassen. Brot und Würste bei mittlerer Hitze ca. 6 Min. braten, mit dem Wirz anrichten

Portion: 627 kcal, E 34 g, Kh 46 g, F 34 g

TIPPS

> Blutwürste sind dünnhäutige Sensibelchen und möchten entsprechend sorgfältig behandelt werden. Zu stark erhitzt, platzen sie. Durch das Anstechen jedoch lassen sie sich sogar braten, da der Dampf entweichen kann.

> Damit Würste beim Einstechen oder Anschneiden nicht spritzen, immer ein Stück Brot auf die Wurst legen, mit der Gabel durchs Brot in die Wurst stechen. Das Brot saugt den austretenden Saft auf.

LEBERWURST MIT RÖSTI UND ZWIEBELSAUCE

Vor- und zubereiten: ca. 50 Min.
Ziehen lassen: ca. 30 Min.

Leberwürste

4	**Leberwürste** (je ca. 180 g)	
	Wasser, siedend	Leberwürste knapp unter dem Siedepunkt ca. 30 Min. ziehen lassen

Rösti

800 g	**Gschwellti** (fest kochende Sorte) vom Vortag, geschält	an der Röstiraffel in eine Schüssel reiben
¾ Teelöffel	**Salz**	salzen
	Bratbutter zum Braten	in einer beschichteten Bratpfanne heiss werden lassen. Hitze reduzieren, Kartoffeln beigeben, unter gelegentlichem Wenden ca. 5 Min. anbraten. Rösti zu einem flachen Kuchen formen, offen bei mittlerer Hitze ca. 15 Min. goldbraun braten. Einen grossen Teller auf die Pfanne legen, Rösti auf den Teller stürzen. Wenig Bratbutter in die Pfanne geben, Rösti in die Pfanne zurückgleiten lassen, offen ca. 15 Min. fertig braten

Zwiebelsauce

1 Esslöffel	**Bratbutter**	in einer Bratpfanne heiss werden lassen, Hitze reduzieren
3	**Zwiebeln**, in feinen Schnitzen	bei mittlerer Hitze ca. 8 Min. hellbraun braten
2 Teelöffel	**Mehl**	darüberstäuben, ca. 2 Min. weiterbraten
2½ dl	**Rotwein** (z. B. Dôle)	
3 dl	**Fleischbouillon**	
2	**Lorbeerblätter**	alles beigeben, aufkochen. Hitze reduzieren, unter gelegentlichem Rühren ca. 15 Min. kochen
nach Bedarf	**Salz, Pfeffer**	würzen, mit der Rösti und den Leberwürsten anrichten

Dazu passen: gekochte Apfelschnitze oder Apfelmus.

Portion: 726 kcal, E 31 g, Kh 28 g, F 52 g

HÖRNLI MIT WURSTGULASCH

Vor- und zubereiten: ca. 35 Min.

1 Esslöffel	**Olivenöl**	in einer Bratpfanne heiss werden lassen
8	**Bell Würstli,** in Rugeli	ca. 3 Min anbraten, herausnehmen
1	**Zwiebel,** in feinen Streifen	andämpfen
500 g	**Tomaten,** in Würfeli	
1 Esslöffel	**Rosmarin,** fein geschnitten	
1 Esslöffel	**Thymian,** fein geschnitten	alles ca. 3 Min. mitdämpfen
2½ dl	**Fleischbouillon**	dazugiessen, bei mittlerer Hitze ca. 20 Min. kochen
½ dl	**Halbrahm**	dazugiessen
1 Teelöffel	**Paprika**	
nach Bedarf	**Salz, Pfeffer**	würzen, Würstli beigeben, heiss werden lassen
350 g	**Teigwaren** (z. B. Hörnli) **Salzwasser,** siedend	Teigwaren al dente kochen, mit dem Wurstgulasch anrichten

Portion: 653 kcal, E 30 g, Kh 67 g, F 30 g

BETTYS CURRYWURST

Vor- und zubereiten: ca. 1 Std.

800 g	**Tomaten,** in Stücken	
1	**Zwiebel,** fein gehackt	
2 Esslöffel	**Curry** (z. B. Sri Lanka)	
1 Esslöffel	**Apfelessig**	
2 Teelöffel	**Zucker**	
1½ Teelöffel	**Salz**	
1 Msp.	**Cayennepfeffer**	alles in einer Pfanne mischen, aufkochen, Hitze reduzieren, unter gelegentlichem Rühren bei kleiner Hitze ca. 30 Min. köcheln, pürieren. Offen ca. 10 Min. einköcheln
1 Esslöffel	**Erdnussöl**	in einer Bratpfanne heiss werden lassen, Hitze reduzieren
4	**Kalbsbratwürste**	beidseitig bei mittlerer Hitze je ca. 5 Min. braten. Würste in Rugeli schneiden, mit der Sauce anrichten
wenig	**Curry** (z. B. Sri Lanka)	darüberstäuben

Portion: 398 kcal, E 18 g, Kh 12 g, F 31 g

WURSTGUCK MIT RANDEN

Vor- und zubereiten: ca. 45 Min.
Backen: ca. 10 Min.
Für 4 ofenfeste Teller

1 kg	**mehlig kochende Kartoffeln,** in Würfeln	
	Salzwasser, siedend	Kartoffeln offen bei mittlerer Hitze ca. 15 Min. weich kochen, sehr gut abtropfen
ca. 2 dl	**Milch**	
30 g	**Butter**	
2 Esslöffel	**Meerrettich,** fein gerieben	zusammen in derselben Pfanne aufkochen. Pfanne von der Platte nehmen. Kartoffeln durchs Passe-vite in die Milch treiben. Kurz und kräftig luftig rühren
wenig	**Muskat**	
nach Bedarf	**Salz, Pfeffer**	würzen, Kartoffelstock auf die Teller verteilen
500 g	**gekochte Randen,** in ca. 1½ cm breiten Schnitzen	
½ Teelöffel	**Salz,** wenig **Pfeffer**	Randen würzen
8	**Schweinswürstli** (ca. 60 g), schräg in Sechsteln	mit den Randenschnitzen in den Kartoffelstock stecken
4 Esslöffel	**geriebener Gruyère**	darüberstreuen, Teller auf 2 Bleche oder Gitter stellen

Backen: ca. 10 Min. im auf 180 Grad vorgeheizten Ofen (Heissluft).

Portion: 578 kcal, E 30 g, Kh 36 g, F 35 g

WAS GUCKT DA AUS DEM OFEN?

> Wer den Ofenguck erfunden hat, lässt sich heute nicht mehr mit Sicherheit sagen, doch aus den Kantonen Ob- und Nidwalden stammen besonders viele Rezepte für süsse und pikante Varianten. Wohl am besten bekannt ist diejenige als Kartoffelauflauf mit Spiegeleiern obendrauf. Das verleitet zur Annahme, dass die Spiegeleier aus dem Kartoffelstock «gucken». Doch die Herkunft des Namens leitet sich anders ab, wie das «Schweizerische Idiotikon» (schweizerdeutsches Wörterbuch) erklärt: Ofen-gugg = Ofenkuchen. Das Gericht aus gehackten oder gestampften Kartoffeln lässt sich fantasievoll ergänzen: mit Birnen oder Äpfeln, mit Speckwürfeli und/oder Käse – oder eben mit Randenschnitzen und Schweinswürstli.

ARBEITER-CORDON-BLEU

Vor- und zubereiten: ca. 20 Min.
Backen: ca. 12 Min.

4	**Riesencervelats,** geschält	längs halbieren
2 Teelöffel	**Sambal Oelek**	Schnittflächen bestreichen
120 g	**Bergkäse** (z. B. Cœur de Suisse), in feinen Scheiben	auf 4 Wursthälften legen
2 Esslöffel	**Rosmarin,** fein geschnitten	darüberstreuen, restliche Wursthälften darauflegen
12 Tranchen	**Bauernspeck**	um die Cervelats wickeln, auf ein mit Backpapier belegtes Blech legen

Backen: ca. 12 Min. in der oberen Hälfte des auf 220 Grad vorgeheizten Ofens.

Salat

2 Esslöffel	**Aceto balsamico bianco**	
2 Esslöffel	**Olivenöl**	
2 Esslöffel	**Joghurt nature**	
1 Esslöffel	**Basilikum,** fein geschnitten	
nach Bedarf	**Salz, Pfeffer**	alles verrühren
300 g	**Endivien,** in Streifen	
1 Bund	**Radiesli mit wenig Grün,** Radiesli in feinen Schnitzen, Grün fein geschnitten	
1	**Zwiebel,** in feinen Streifen	alles beigeben, gut mischen, mit den Arbeiter-Cordons-bleus servieren

Portion: 942 kcal, E 48 g, Kh 5 g, F 82 g

DAS CORDON BLEU DER ARMEN LEUTE

> Der Klassiker, zartes Kalbfleisch, gefüllt mit Käse und Schinken, war natürlich lange Zeit besser betuchten Kreisen vorbehalten. Aber Not macht bekanntlich erfinderisch: Auch mit Wurst, Käse und Speck lässt sich ein einfaches, aber köstliches «falsches Cordon bleu» zaubern. Dieses Gericht ist natürlich längst ebenfalls zum Klassiker geworden und hat heute Fans in allen Gesellschaftsschichten.

OFENWURST MIT SPECK UND ZUCCHINI

Vor- und zubereiten: ca. 20 Min.
Backen: ca. 20 Min.

4	**Olma-Bratwürste,** in je 5 Rugeli	
20 Tranchen	**Bratspeck**	Wurstrugeli mit je 1 Tranche Speck umwickeln, auf der einen Hälfte eines mit Backpapier belegten Blechs verteilen
800 g	**Zucchini,** quer gedrittelt, in Schnitzen	
1 Esslöffel	**Olivenöl**	
1	**Bio-Zitrone,** nur ½ abgeriebene Schale	
1 Esslöffel	**Oregano,** fein geschnitten	
¾ Teelöffel	**Salz,** wenig **Pfeffer**	alles in einer Schüssel mischen, neben den Würsten auf dem Blech verteilen

Backen: ca. 20 Min. in der Mitte des auf 200 Grad vorgeheizten Ofens.

Dazu passen: Salzkartoffeln.

Portion: 798 kcal, E 34 g, Kh 6 g, F 71 g

OFENKÜRBIS MIT CIPOLLATA-CHRÄBSLI

Vor- und zubereiten: ca. 25 Min.
Backen: ca. 25 Min.

800 g	**Kürbis** (z. B. Butternut), in ca. 5 mm dicken Scheiben (ergibt ca. 650 g)	
600 g	**fest kochende Kartoffeln,** in ca. 2 cm breiten Schnitzen	
3 Esslöffel	**Kürbiskerne**	
2 Esslöffel	**Olivenöl**	
½ Teelöffel	**Zimt**	
wenig	**Muskat**	
1¼ Teelöffel	**Salz,** wenig **Pfeffer**	alles in einer Schüssel mischen, auf einem mit Backpapier belegten Blech verteilen
12	**Cipollatas,** Enden kreuzweise ca. 2 cm tief eingeschnitten	darauf verteilen

Backen: ca. 25 Min. in der Mitte des auf 220 Grad vorgeheizten Ofens.

Portion: 444 kcal, E 17 g, Kh 33 g, F 27 g

PAPET VAUDOIS

Vor- und zubereiten: ca. 40 Min.
Ziehen lassen: ca. 40 Min.

2	**Waadtländer Saucissons** (je ca. 380 g)	
	Wasser, siedend	in jede Wurst einen Zahnstocher tief hineinstecken. Saucissons ca. 40 Min. knapp unter dem Siedepunkt ziehen lassen
1 Esslöffel	**Butter**	in einer Pfanne warm werden lassen
800 g	**Lauch,** in feinen Streifen	
1 Teelöffel	**Salz**	zugedeckt ca. 3 Min. andämpfen
500 g	**fest kochende Kartoffeln,** in ca. 2 cm grossen Würfeln	ca. 3 Min. mitdämpfen
½ dl	**Weisswein**	
2 dl	**Saucen-Halbrahm**	dazugiessen, zugedeckt unter gelegentlichem Rühren ca. 20 Min. köcheln
3 Esslöffel	**glattblättrige Petersilie,** fein geschnitten	darüberstreuen

Servieren: Saucissons herausnehmen, in Scheiben schneiden, auf den Lauchkartoffeln anrichten.

Portion: 961 kcal, E 36 g, Kh 26 g, F 78 g

WAADTLÄNDER SPEZIALITÄTEN

> Papet vaudois ist eines der bekanntesten Waadtländer Gerichte. Die Basis bilden die Lauchkartoffeln an Weissweinrahmsauce. Gekrönt wird der Eintopf mit einer Waadtländer Saucisson. Die Waadtländer sind wahre Wurstkünstler: Denn neben der berühmten Saucisson haben sie auch die wuchtige Boutefas (Rezept S. 60) und die elegante Saucisse aux choux (Rezept S. 30) erfunden. Beide Würste passen ebenfalls wunderbar zu den Lauchkartoffeln.

WEISSWÜRSTCHEN MIT BREZELN

Vor- und zubereiten: ca. 35 Min.
Backen: ca. 20 Min.

300 g	**Zopfmehl**	
¾ Teelöffel	**Salz**	
¼ Würfel	**Hefe** (ca. 10 g), zerbröckelt	alles in einer Schüssel mischen
20 g	**Butter**, weich	
1¾ dl	**Milch**, lauwarm	beigeben, mischen, zu einem weichen, glatten Teig kneten. Zugedeckt bei Raumtemperatur ca. 1½ Std. aufs Doppelte aufgehen lassen

Formen: Teig in 4 Portionen teilen, je zu einer ca. 60 cm langen Rolle, dann zu einer Schlaufe formen. Enden verdrehen, Schlaufe darauflegen. Brezeln auf ein mit Backpapier belegtes Blech legen.

2 Esslöffel	**Wasser**, siedend	
¼ Teelöffel	**Salz**	
5 g	**Natronpulver**	alles gut verrühren, Brezeln damit bestreichen
½ Teelöffel	**grobkörniges Salz**	darüberstreuen
wenig	**Kaffeerahm**	zum Bestreichen

Backen: ca. 20 Min. in der Mitte des auf 200 Grad vorgeheizten Ofens. Herausnehmen, sofort mit Kaffeerahm bestreichen, damit die Oberfläche glänzt. Auf einem Gitter auskühlen.

Weisswürstchen

1½ Liter	**Wasser**	
3	**Zwiebeln**, fein gehobelt	
1	**Lorbeerblatt**	
2 Teelöffel	**Salz**	zusammen in einer Pfanne aufkochen. Hitze reduzieren, ca. 3 Min. köcheln, Pfanne von der Platte nehmen
10	**Weisswürstchen** (ca. 600 g)	beigeben, ca. 10 Min. ziehen lassen. Würste herausnehmen, Zwiebeln abtropfen, leicht ausdrücken
120 g	**süsser Senf**	mit den Zwiebeln mischen, zu den Würsten und Brezeln servieren

Tipp: Weisswürstchen in heissem Wasser servieren.
Dazu passt: Weissbier.

Portion: 772 kcal, E 34 g, Kh 60 g, F 44 g

Regionale Spezialitäten

Traditionswürste und regionale
Leckerbissen für ganz
besondere Verwöhnmomente

APPENZELLER SIEDWURSTTOPF

Vor- und zubereiten: ca. 40 Min.
Ziehen lassen: ca. 25 Min.

3 Liter	**Wasser**	in einer Pfanne aufkochen, Pfanne von der Platte nehmen
4	**Appenzeller Siedwürste** (je ca. 120 g)	beigeben, ca. 25 Min. ziehen lassen, Würste dabei einmal wenden
1 Esslöffel	**Butter**	in einer Pfanne warm werden lassen
1	**Zwiebel**, in feinen Streifen	andämpfen
800 g	**fest kochende Kartoffeln**, in ca. 1½ cm grossen Würfeln	
600 g	**Rüebli**, in ca. 5 mm dicken Scheiben	ca. 3 Min. mitdämpfen
1½ dl	**Gemüsebouillon**	
1 dl	**Halbrahm**	
1 Teelöffel	**Salz**, wenig **Pfeffer**	alles beigeben, zugedeckt ca. 8 Min. köcheln
2	**rotschalige Äpfel** (z. B. Braeburn), entkernt, in Achteln	beigeben, mischen, zugedeckt ca. 12 Min. weiterköcheln
nach Bedarf	**Salz, Pfeffer**	würzen
1 Esslöffel	**Petersilie**, grob geschnitten	darüberstreuen

Portion: 551 kcal, E 25 g, Kh 46 g, F 29 g

WEHMUT UND TROST

> Der letzte Sonntag im April war traditionell der Landsgmändstag in Appenzell Ausserrhoden. An diesem Tag wurde in jeder Wirschaft in Hundwil und Trogen Siedwurst, oder wie die Appenzeller sagen: Südwörscht, serviert. Mit Wehmut vermissen die Ausserrhödler (oder Osserhödler) ihre Landsgemeinde, geblieben ist zum Glück die wunderbare Wurst, die klassisch mit den Beilagen Kartoffelsalat oder Käsehörnli serviert wird. Eine leichte und farblich sehr schöne Kombination ist der Eintopf mit Rüebli, Kartoffeln und Äpfeln.

> Die Siedwurst aus dem Wasser nehmen und sofort die Haut entfernen: Wurst der Länge nach wenig einschneiden, Haut abziehen.

WURST-TARTE-TATIN

Vor- und zubereiten: ca. 15 Min.
Backen: ca. 25 Min.
Für ein Backblech von ca. 30 cm Ø,
Boden exakt mit Backpapier belegt

30 g	**Butter,** in Würfeli	auf dem Backpapier verteilen
4 Teelöffel	**Zucker**	darüberstreuen

Caramelisieren: ca. 4 Min. in der Mitte des auf 220 Grad vorgeheizten Ofens, bis der Zucker hellbraun ist. Herausnehmen.

1 Esslöffel	**Rosmarin,** fein geschnitten	über den Caramel streuen
	2 **Zwiebeln,** in ca. 2 mm dicken Ringen	darauflegen
¼ Teelöffel	**Salz,** wenig **Pfeffer**	würzen
	1 **Berner Zungenwurst** (ca. 300 g), in ca. 5 mm dicken Scheiben	darauf verteilen
	1 **ausgewallter Blätterteig** (ca. 32 cm Ø)	mit einer Gabel dicht einstechen, locker auf die Zungenwurst legen. Teigrand zwischen Belag und Blechrand schieben

Backen: ca. 25 Min. in der Mitte des auf 220 Grad vorgeheizten Ofens. Herausnehmen, ca. 2 Min. ruhen lassen. Tarte-Rand mit einem Spachtel etwas lösen, sorgfältig auf eine Platte stürzen.

Portion: 492 kcal, E 16 g, Kh 35 g, F 33 g

TIPPS

> Statt Zungenwurst 3 Cervelats verwenden.

> Die Tarte Tatin mit einem grünen Salat servieren. Ein Bier passt sehr gut zu diesem süss-würzigen Gericht.

> Die Tarte Tatin in Stücke schneiden und zu einem Aperitif servieren.

CAPUNS MIT SALSIZ

Vor- und zubereiten: ca. 1¼ Std.
Quellen lassen: ca. 30 Min.

200 g	**Knöpflimehl**	
100 g	**Mehl**	
¾ Teelöffel	**Salz,** wenig **Pfeffer**	alles in einer Schüssel mischen
2½ dl	**Milchwasser** (½ Milch / ½ Wasser)	
2	**frische Eier**	verklopfen, dazugiessen, mit einer Kelle mischen, so lange klopfen, bis der Teig glänzt und Blasen wirft. Zugedeckt bei Raumtemperatur ca. 30 Min. quellen lassen
200 g	**Salsiz,** geschält, in Würfeli	
50 g	**Bündner Bergkäse,** fein gerieben	
2 Esslöffel	**Petersilie,** fein geschnitten	
2 Esslöffel	**Pfefferminze,** fein geschnitten	alles beigeben, mischen
20	**Mangoldblätter**	
	Salzwasser, siedend	Blätter portionenweise je ca. 30 Sek. blanchieren, herausnehmen. Kurz in kaltes Wasser legen, abtropfen, auf einem Tuch auslegen, trocken tupfen

Formen: Je 1–2 Esslöffel Teig auf ein Blatt geben, seitliche Blattränder einschlagen, aufrollen.

Vorbereiten: Ofen auf 60 Grad vorheizen, Platte und Teller vorwärmen.

2½ dl	**Fleischbouillon**	
1½ dl	**Vollrahm**	in einer weiten Pfanne aufkochen, Hitze reduzieren. 10 Capuns beigeben, zugedeckt bei kleiner Hitze ca. 8 Min. köcheln, herausnehmen, abtropfen, warm stellen. Zweite Portion gleich zubereiten

Portion: 801 kcal, E 38 g, Kh 65 g, F 43 g

TIPPS

> In diesem Rezept wird – wie in vielen Bündner Familienrezepten – der würzige Salsiz verwendet. Natürlich eignen sich auch Bünderfleisch-Würfeli, aber die Variante mit Salsiz schmeckt besonders vollmundig und würzig.

> Schnitt- bzw. Blattmangold eignet sich am besten für das Gericht. Alternativ können auch junge Blätter des Stielmangolds bzw. Krautstiels (ohne Stängel) verwendet werden.

SENF-PENNE MIT TREBERWURST

Vor- und zubereiten: ca. 20 Min.
Ziehen lassen: ca. 40 Min.

2	**Treberwürste** (Saucissons au Marc, je ca. 250 g)	
	Wasser, siedend	Würste knapp unter dem Siedepunkt ca. 40 Min. ziehen lassen
350 g	**Teigwaren** (z. B. Penne)	
	Salzwasser, siedend	Teigwaren al dente kochen, abtropfen
½ Esslöffel	**Butter**	in derselben Pfanne warm werden lassen
250 g	**kernlose Trauben,** halbiert	ca. 2 Min. andämpfen
1 Esslöffel	**Marc** oder **Grappa,** nach Belieben	beigeben
5 Esslöffel	**milder Senf**	
4 Esslöffel	**roter Traubensaft**	
1 Teelöffel	**Marc** oder **Grappa,** nach Belieben	alles verrühren, mit den Teigwaren beigeben. Würste in Rugeli schneiden, daruntermischen, nur noch heiss werden lassen

Portion: 887 kcal, E 34 g, Kh 74 g, F 48 g

TREBERWURST

> Diese Wurst gibt es eigentlich nicht – sie wird es: Traditionell kochten Winzer beim Brennen des Traubentresters (des Trebers) zu Marc ihr Mittagessen – eine Saucisson – gleich im Brennhafen. Diese Spezialität wird heute noch im Winter in der Bielerseeregion serviert. Aber man muss nicht extra an den Bielersee fahren, um sie zu probieren, denn heute kann man die Treberwurst auch kaufen. Treberwürste lassen sich durch Waadtländer Saucissons ersetzen.

> Treberwurst selber machen: 1 Waadtländer Saucisson mit einer Gabel mehrmals einstechen, in einen Tiefkühlbeutel legen. 1 dl Marc beigeben, Beutel gut verschliessen, ca. 3 Tage im Kühlschrank ziehen lassen. Saucisson gelegentlich wenden. 1 dl Wasser aufkochen, Hitze reduzieren. Saucisson mit der Flüssigkeit beigeben, zugedeckt bei kleiner Hitze ca. 25 Min. köcheln. Wurst wenden, 1 dl Marc beigeben, ca. 20 Min. fertig köcheln. Wurst herausnehmen, in Scheiben schneiden, anrichten, mit wenig Flüssigkeit beträufeln. Dazu passt: Kartoffelsalat, Brot.

RISOTTO MIT BOUTEFAS UND SPINAT

Vor- und zubereiten: ca. 35 Min.

1	**Boutefas** (ca. 800 g), geschält, in Würfeli	in einer beschichteten Bratpfanne ohne Fett portionenweise ca. 3 Min. rührbraten, auf Haushaltpapier abtropfen
1 Esslöffel	**Butter**	in einer Pfanne warm werden lassen
1	**Zwiebel,** fein gehackt	
1	**Knoblauchzehe,** gepresst	andämpfen
300 g	**Risottoreis** (z. B. Carnaroli)	beigeben, unter Rühren dünsten, bis er glasig ist
2 dl	**Weisswein** (z. B. Chasselas)	die Hälfte dazugiessen, vollständig einkochen, restlichen Wein dazugiessen, unter Rühren vollständig einkochen
1 Liter	**Gemüsebouillon,** heiss	unter häufigem Rühren nach und nach dazugiessen, sodass der Reis immer knapp mit Flüssigkeit bedeckt ist, ca. 15 Min. köcheln
200 g	**Blattspinat**	
5 Esslöffel	**geriebener Gruyère**	mit der beiseite gestellten Wurst daruntermischen, ca. 5 Min. fertig köcheln, bis der Reis cremig und al dente ist
nach Bedarf	**Salz, Pfeffer**	würzen

Portion: 984 kcal, E 43 g, Kh 62 g, F 59 g

ALLES HAT EIN ENDE, NUR DIE WURST HAT ZWEI. WIRKLICH?

> Die Waadtländer Boutefas entspricht nicht unserem gängigen Bild einer Wurst: Sie ist nämlich fast kugelrund, mit Einkerbungen ähnlich einer Peperoni. Kleine Exemplare wiegen 600 g, grosse bringen gut und gern drei Kilogramm auf die Waage! Kein Wunder also, dass Boutefas, übersetzt aus dem Waadtländer Dialekt, «vertreibt den Hunger» bedeutet.

> Statt 1 Boutefas 2 Waadtländer oder Neuenburger Saucissons verwenden.

LUGANIGHE-MAISTALER MIT RÜEBLISALAT

Vor- und zubereiten: ca. 50 Min.
Quellen lassen: ca. 30 Min.

Rüeblisalat

1 Teelöffel	**Senf**	
2 Esslöffel	**Apfelessig**	
3 Esslöffel	**Rapsöl**	
1 Prise	**Zucker**	
¾ Teelöffel	**Salz,** wenig **Pfeffer**	alles verrühren
800 g	**Rüebli,** grob gerieben	beigeben, mischen, zugedeckt ziehen lassen

Taler

100 g	**Mehl**	
¾ Teelöffel	**Salz,** wenig **Pfeffer**	alles in einer Schüssel mischen
1½ dl	**Milch**	
1	**frisches Eigelb**	
1 Bund	**Petersilie,** zerzupft	alles in ein Mixglas geben
1 Dose	**Maiskörner** (ca. 280 g), abgespült, abgetropft	die Hälfte der Maiskörner beigeben, fein pürieren, zum Mehl geben, gut verrühren. Restliche Maiskörner daruntermischen, zugedeckt ca. 30 Min. quellen lassen

Vorbereiten: Ofen auf 60 Grad vorheizen, Platte und Teller vorwärmen.

2	**Luganighe** (je ca. 120 g)	Haut längs einschneiden, Brät herauslösen, zerzupfen, zur Maismasse geben, gut mischen
1	**frisches Eiweiss**	
1 Prise	**Salz**	zusammen steif schlagen, sorgfältig darunterziehen
	Bratbutter zum Braten	in einer weiten beschichteten Bratpfanne heiss werden lassen. Hitze reduzieren, 4 Portionen von je ca. 1½ Esslöffel Maismasse in die Pfanne geben. Taler beidseitig je ca. 4 Min. goldgelb braten, warm stellen. Mit der restlichen Masse gleich verfahren

Portion: 665 kcal, E 16 g, Kh 36 g, F 49 g

LAUWARMER WURSTSALAT

Vor- und zubereiten: ca. 30 Min.
Rösten: ca. 5 Min.

2	**Bürli,** halbiert, in feinen Scheiben	auf einem Blech verteilen

Rösten: ca. 5 Min. in der oberen Hälfte des auf 220 Grad vorgeheizten Ofens. Herausnehmen, auf einem Gitter auskühlen.

3 Esslöffel	**süsser Senf**	
2 Esslöffel	**Weissweinessig**	
4 Esslöffel	**Rapsöl**	
	2 **Schalotten,** fein gehackt	
2 Esslöffel	**Estragon,** fein geschnitten	
nach Bedarf	**Salz, Pfeffer**	alles gut verrühren
1 Esslöffel	**Bratbutter**	in einer Bratpfanne heiss werden lassen, Hitze reduzieren
	4 **Glarner Kalberwürste**	bei mittlerer Hitze beidseitig je ca. 6 Min. braten. Herausnehmen, in ca. 1½ cm dicke Rugeli schneiden, zur Sauce geben
300 g	**Eisbergsalat,** in Streifen	mit dem Brot beigeben, mischen

Portion: 774 kcal, E 31 g, Kh 26 g, F 60 g

WAHRHAFTIG FESTLICH

> Die Glarner Kalberwurst wird traditionell zur Landsgemeinde und zu anderen lokalen Festtagen gegessen. Typisch für die Wurst ist die Zugabe von Weissbrot und Milch, die das Brät feiner machen und der Wurst ihren unverwechselbaren Geschmack verleihen. Klassisch wird die Wurst gesotten und mit einer weissen Zwiebelsauce serviert, dazu passen Kartoffelstock und Dörrzwetschgenkompott. Was viele nicht wissen: Glarner Kalberwürste können auch grilliert und gebraten werden. Ein Versuch lohnt sich: Der lauwarme Wurstsalat war eines der Lieblingsrezepte der Redaktion!

> Statt Glarner Kalberwürsten Kalbsbratwürste verwenden.

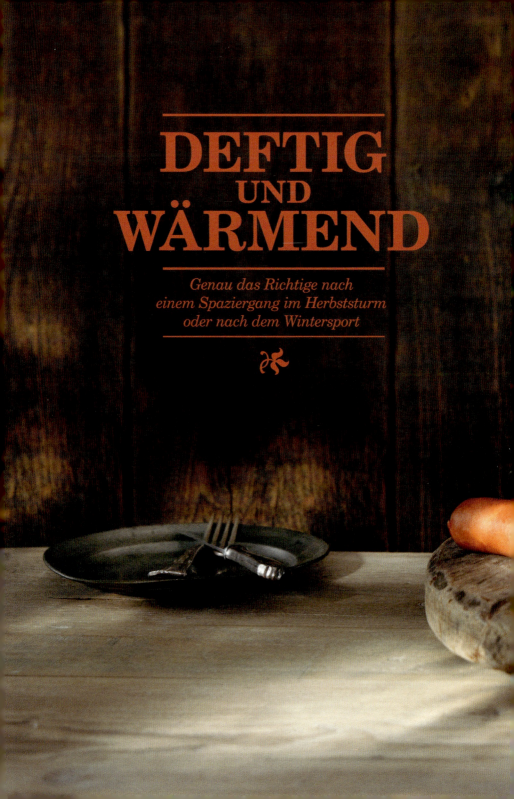

DEFTIG UND WÄRMEND

Genau das Richtige nach einem Spaziergang im Herbststurm oder nach dem Wintersport

HERBSTSUPPE MIT PANIERTEM CERVELAT

Vor- und zubereiten: ca. 50 Min.
Ergibt ca. 1,2 Liter

Suppe

1 Esslöffel	**Butter**	in einer Pfanne warm werden lassen
1	**Zwiebel**, in Stücken	andämpfen
450 g	**Sellerie**, in Stücken (ergibt ca. 350 g)	
2	**süss-saure Äpfel**, geschält, entkernt, in Stücken	ca. 5 Min. mitdämpfen
7 dl	**Gemüsebouillon**	dazugiessen, aufkochen, zugedeckt bei kleiner Hitze ca. 30 Min. köcheln. Suppe pürieren
nach Bedarf	**Salz, Pfeffer**	würzen, zugedeckt beiseite stellen

Cervelats

2 Esslöffel	**Mehl**	in einen flachen Teller geben
2	**Eier**	in einem tiefen Teller verklopfen
4 Scheiben	**Vollkorntoastbrot**	
4 Esslöffel	**Majoranblätter**	fein hacken, in einen flachen Teller geben
3	**Riesen-Käsecervelats**, geschält, längs geviertelt	
12	**Holzspiesschen**	Cervelatscheiben an die Spiesschen stecken, portionenweise im Mehl wenden, überschüssiges Mehl abschütteln, im Ei, dann im Brot wenden, Panade gut andrücken
	Bratbutter zum Anbraten	in einer Bratpfanne heiss werden lassen. Cervelats portionenweise bei mittlerer Hitze beidseitig je ca. 2 Min. braten, mit der Suppe servieren

Portion: 534 kcal, E 26 g, Kh 27 g, F 36 g

LINSENTOPF MIT MERGUEZ

Vor- und zubereiten: ca. 40 Min.

200 g	**grüne Linsen**	
1 Liter	**Wasser,** siedend	Linsen ca. 15 Min. kochen, abtropfen
1 Esslöffel	**Olivenöl**	in einer weiten Pfanne warm werden lassen
	1 **Zwiebel,** fein gehackt	
	1 **roter Peperoncino,** entkernt, fein gehackt	
½ Teelöffel	**Korianderpulver**	alles andämpfen
	600 g **Pak-Choi,** in feinen Streifen	
½ Teelöffel	**Salz**	beigeben, zugedeckt unter gelegentlichem Rühren ca. 5 Min. mitdämpfen
1 dl	**Fleischbouillon**	
	12 **Merguez** (ca. 420 g), in Rugeli	
	1 **Bio-Zitrone,** nur ½ abgeriebene Schale	alles mit den Linsen beigeben, zugedeckt ca. 10 Min. weiterdämpfen
nach Bedarf	**Salz, Pfeffer**	würzen
2 Esslöffel	**Koriander** oder glattblättrige **Petersilie,** zerzupft	daruntermischen
100 g	**saurer Halbrahm**	dazu servieren

Tipp: Statt Pak-Choi Wirz und evtl. etwas mehr Bouillon verwenden.

Portion: 558 kcal, E 31 g, Kh 32 g, F 37 g

KLEIN, ABER OHO

> Wer schon einmal beim Eindunkeln über den Djemaa el Fna in Marrakesch geschlendert ist, hat heute noch den köstlichen Duft in der Nase von den zahllosen gebratenen Merguez. Diese kleinen, würzigen Hackfleischwürstchen duften und schmecken herrlich. Kein Wunder, haben sie von Nordafrika aus den Weg nach Frankreich und schnell auch zu uns gefunden. Aber nicht nur grilliert, sondern auch in einem Eintopf mitgekocht – oder als Hotdog (Rezept S. 86) –, munden sie wunderbar.

BELL WÜRSTLI MIT QUITTEN-CHUTNEY

Vor- und zubereiten: ca. 1 Std.

1	**Quitte** (ca. 300 g), Flaum abgerieben, geschält, entkernt, in ca. 5 mm grossen Würfeli
1½ dl	**Wasser**
1	**Zwiebel,** fein gehackt
2 Esslöffel	**Zucker**
½ Esslöffel	**Senfkörner**
1 Esslöffel	**Ingwer,** fein gerieben
1½ Esslöffel	**Apfelessig**
1	**Nelke**
½	**Zimtstange**
einige	**Safranfäden**
¼ Teelöffel	**Salz**

alles zugedeckt bei kleiner Hitze unter gelegentlichem Rühren ca. 40 Min. köcheln. Nelke und Zimtstange entfernen

1 Esslöffel	**Bratbutter**
8	**Bell Würstli**

in einer Bratpfanne heiss werden lassen

bei mittlerer Hitze beidseitig je ca. 3 Min. braten, Quitten-Chutney dazu servieren

Dazu passt: Bauernbrot.

Portion: 334 kcal, E 18 g, Kh 13 g, F 24 g

BELL WÜRSTLI – EIN MARKENPRODUKT SEIT 1920

> Frankfurterli, Wienerli, Bell Würstli, drei Namen für ein Würstli? Nicht ganz. Was das Bell Würstli so besonders macht: Samuel Bell machte aus einem Wienerli ein Markenprodukt, und das bereits 1920! Das Würstli wurde mit Plakaten beworben, die von Künstlern wie Niklaus Stoecklin, Herbert Leupin oder August Haas gestaltet wurden. Dazu wurde das Bell Würstli mit einer Plombe versehen – und wird es bis heute. Dieses Gütesiegel unterscheidet das Bell Würstli eben von Wienerli oder Frankfurterli.
> War das nur geschicktes Marketing oder steckt noch mehr dahinter? In der Tat: Das Bell Würstli hat einen besonders hohen Rindfleischanteil, das verleiht ihm seine Knackigkeit. Zudem wird es über Laubholz geräuchert. Und dann die Gewürzmischung! Aber die bleibt ein Geheimnis.

> Bell Würstli wie Wienerli zubereiten oder auf dem Holzkohle-, Gas- oder Elektrogrill über mittelstarkter Glut / auf mittlerer Stufe (ca. 200 Grad) beidseitig je ca. 3 Min. grillieren.

ZUCCHINI-LASAGNE MIT SCHÜBLIG

Vor- und zubereiten: ca. 50 Min.
Backen: ca. 35 Min.
Für eine weite ofenfeste Form von ca. 2½ Litern, gefettet

	Béchamel	
6½ dl	**Milch**	
3 Esslöffel	**Mehl**	
1	**Knoblauchzehe,** gepresst	
wenig	**Muskat**	
½ Teelöffel	**Salz,** wenig **Pfeffer**	alles in einer Pfanne verrühren, unter Rühren aufkochen, bei kleiner Hitze ca. 10 Min. köcheln
3 Esslöffel	**Oregano,** fein geschnitten	
3 Esslöffel	**Petersilie,** fein geschnitten	
2 Teelöffel	**Sambal Oelek**	alles darunterrühren, Sauce beiseite stellen
600 g	**Zucchini,** längs halbiert, in feinen Scheiben	
½ Teelöffel	**Salz,** wenig **Pfeffer**	in einer Schüssel mischen
12	**weisse Lasagneblätter**	
4 Esslöffel	**Pinienkerne,** geröstet	
4	**St. Galler Schüblig** (je ca. 140 g), in ca. 3 mm dicken Rugeli	zum Einschichten
6 Esslöffel	**geriebener Gruyère**	zum Darüberstreuen

Einschichten:
1. **Schicht:** 4 Esslöffel Sauce + 3 Lasagneblätter
2./3./4. **Schicht:** ⅓ Zucchini + 1 Esslöffel Pinienkerne + ⅓ Wurst + ¼ Sauce + 3 Lasagneblätter
5. **Schicht:** restliche Sauce + Käse + 1 Esslöffel Pinienkerne

Backen: ca. 35 Min. in der Mitte des auf 200 Grad vorgeheizten Ofens. Herausnehmen, zugedeckt ca. 10 Min. ruhen lassen.

Portion: 842 kcal, E 41 g, Kh 63 g, F 47 g

WÜRZIGE RAVIOLI

Vor- und zubereiten: ca. 50 Min.
Ergibt 32 Stück

4	**Rauch- oder Schweinswürstli** (ca. 500 g), in Würfeli	
150 g	**Dörraprikosen,** in Würfeli	
200 g	**Frischkäse** (z. B. Philadelphia)	
150 g	**Rahmquark**	
2 Esslöffel	**Apricotine,** nach Belieben	
wenig	**Pfeffer**	alles mischen
4 Rollen	**Pastateig**	entrollen, längs halbieren

Formen: 1 Teigstreifen mit wenig Wasser bestreichen. 8 Portionen der Masse (je ca. 1½ Esslöffel) auf den Teig geben. 1 Teigstreifen darauflegen, andrücken, dabei eingeschlossene Luft herausdrücken, zu Ravioli schneiden. Mit restlichem Teig gleich verfahren.

Salzwasser, siedend — Ravioli portionenweise ca. 5 Min. im knapp siedenden Salzwasser ziehen lassen, abtropfen, warm stellen

30 g **Butter**
je 1½ Esslöffel **Pfefferminze und Thymian,** fein geschnitten — in derselben Pfanne warm werden lassen, auf den Ravioli verteilen

Portion: 966 kcal, E 49 g, Kh 87 g, F 44 g

CHERRY-TOMATEN MIT WURST-CRUMBLE

Vor- und zubereiten: ca. 25 Min.
Backen: ca. 15 Min.

1 kg	**Cherry-Tomaten,** halbiert	auf einem mit Backpapier belegten Blech verteilen
1 Teelöffel	**Salz,** wenig **Pfeffer**	würzen
2	**Schweinsbratwürste**	Haut längs einschneiden, Brät herauslösen, in eine Schüssel geben
50 g	**Mandelstifte**	
2 Esslöffel	**gemahlene geschälte Mandeln**	
2 Esslöffel	**Mehl**	
½ Esslöffel	**Rosmarin,** fein geschnitten	
wenig	**Pfeffer**	alles beigeben, gut mischen, etwas zerzupfen, auf den Tomaten verteilen

Backen: ca. 15 Min. in der oberen Hälfte des auf 220 Grad vorgeheizten Ofens.

Portion: 359 kcal, E 17 g, Kh 11 g, F 28 g

CHILI CON WURST

Vor- und zubereiten: ca. 1¼ Std.
Einweichen: ca. 12 Std.

150 g	**getrocknete Borlotti-Bohnen,** ca. 12 Std. eingeweicht, abgetropft	
	Wasser, siedend	Bohnen ca. 40 Min. kochen, abtropfen
½ Esslöffel	**Öl**	im Brattopf heiss werden lassen
8	**Wienerli,** in Rugeli	ca. 3 Min. anbraten. Herausnehmen, Hitze reduzieren, evtl. wenig Öl beigeben
2	**Zwiebeln,** in Streifen	
2	**grüne Peperoni,** in ca. 2 cm grossen Stücken	
1	**grüner Chili,** entkernt, fein gehackt	
1	**Knoblauchzehe,** in Scheibchen	
1 Teelöffel	**Chilipulver**	
¾ Teelöffel	**Salz**	alles ca. 2 Min. andämpfen. Wienerli und Bohnen beigeben
2 Esslöffel	**Tomatenpüree**	kurz mitdämpfen
1 Dose	**gehackte Tomaten** (ca. 400 g)	
1 dl	**Rotwein**	
2 dl	**Fleischbouillon**	alles beigeben, aufkochen, zugedeckt bei kleiner Hitze ca. 25 Min. köcheln
	Dämpfkörbchen	in eine weite Pfanne stellen
	Wasser	bis knapp unter den Körbchenboden einfüllen
4 grosse	**mehlig kochende Kartoffeln** (je ca. 200 g)	ins Dämpfkörbchen geben, zugedeckt bei mittlerer Hitze ca. 30 Min. weich garen. Kartoffeln auf Teller geben, mit einer Gabel aufbrechen, Chili darauf anrichten
3 Esslöffel	**Koriander,** grob geschnitten	darüberstreuen

Portion: 567 kcal, E 28 g, Kh 53 g, F 24 g

PEPERONIFLADEN MIT GRILLSCHNECKEN

Vor- und zubereiten: ca. 30 Min.
Kühl stellen: ca. 30 Min.
Backen: ca. 35 Min.

Kuchenteig

300 g	**Ruchmehl**	
¾ Teelöffel	**Salz**	in einer Schüssel mischen
100 g	**Butter,** in Stücken, kalt	beigeben, von Hand zu einer gleichmässig krümeligen Masse verreiben
ca. 1¼ dl	**Wasser**	dazugiessen, rasch zu einem weichen Teig zusammenfügen, nicht kneten, etwas flach drücken. Zugedeckt ca. 30 Min. kühl stellen. Teig auf wenig Mehl zu einem Rechteck von ca. 35 × 40 cm auswallen, auf ein mit Backpapier belegtes Blech legen. Teig mit einer Gabel dicht einstechen
4 Esslöffel	**Paniermehl**	auf dem Teig verteilen

Belag

750 g	**gelbe, grüne und rote Peperoni,** in feinen Streifen	
50 g	**geriebener Sbrinz**	
2 Esslöffel	**Oregano,** fein geschnitten	
¾ Teelöffel	**Salz,** wenig **Pfeffer**	alles in einer Schüssel mischen, auf dem Teig verteilen
4	**Waadtländer Grillschnecken** (je ca. 130 g)	Holzspiesschen entfernen, Würste auf die Peperoni legen

Backen: ca. 35 Min. auf der untersten Rille des auf 220 Grad vorgeheizten Ofens.

Portion: 860 kcal, E 37 g, Kh 62 g, F 51 g

TIPPS

> Statt Peperoni Rüebli, an der Röstiraffel gerieben, verwenden.

> Statt Grillschnecken 4 Schweinsbratwürste, in ca. 3 cm dicken Scheiben, verwenden.

KICHERERBSENTOPF MIT RAUCHWÜRSTLI

Vor- und zubereiten: ca. 1½ Std.
Einweichen: ca. 12 Std.

150 g	**getrocknete Kichererbsen,** ca. 12 Std. eingeweicht, abgetropft
	Wasser, siedend — Kichererbsen ca. 50 Min. knapp weich kochen
400 g	**mehlig kochende Kartoffeln,** in ca. 1 cm grossen Würfeln — beigeben, ca. 8 Min. weiterkochen, abtropfen
1 Esslöffel	**Rapsöl** — in derselben Pfanne warm werden lassen
1	**Zwiebel,** fein gehackt — andämpfen
4	**Rauchwürstli,** in Rugeli — ca. 2 Min. mitdämpfen
200 g	**Trevisano** oder roter **Chicorée,** in feinen Streifen
2 Zweiglein	**Thymian**
1 Teelöffel	**Salz,** wenig **Pfeffer** — alles mit den Kichererbsen und den Kartoffeln beigeben, zugedeckt bei kleiner Hitze ca. 5 Min. weiterdämpfen
2	**Orangen** — Boden und Deckel, dann Schale ringsum bis auf das Fruchtfleisch wegschneiden. Orangen vierteln, in Scheiben schneiden, beigeben, nur noch heiss werden lassen

Portion: 469 kcal, E 34 g, Kh 42 g, F 18 g

TIPPS

> Schneller: 2 Dosen Kichererbsen, abgespült, abgetropft, mit den Zwiebeln andämpfen.

> Statt Trevisano Spinat verwenden.

SALAMIKNÖDEL MIT KRAUTSTIEL

Vor- und zubereiten: ca. 1 Std.

Vorbereiten: Ofen auf 60 Grad vorheizen, Platte und Teller vorwärmen.

Knödel

500 g	**Silserbrot vom Vortag,** in ca. 1 cm grossen Würfeln	
1	**Knoblauchzehe,** gepresst	
2 Esslöffel	**Salbei,** fein geschnitten	alles in eine weite Schüssel geben
2½ dl	**Milch,** lauwarm	dazugiessen, mischen, ca. 10 Min. einweichen, dabei einmal gut mischen
200 g	**Salami am Stück,** in Würfeli	
2	**frische Eier**	
wenig	**Muskat**	alles beigeben, von Hand gut kneten, bis die Masse gut zusammenhält. In 12 Portionen teilen, zu Kugeln formen, dabei die Masse gut zusammendrücken
1½ Liter	**Fleischbouillon,** siedend	Knödel portionenweise in der leicht siedenden Bouillon ca. 15 Min. ziehen lassen. Mit einer Schaumkelle herausnehmen, abtropfen, warm stellen

Krautstiel

1 Esslöffel	**Olivenöl**	in einer Pfanne warm werden lassen
1	**Zwiebel,** fein gehackt	andämpfen
800 g	**Krautstiel,** in feinen Streifen	
3 Esslöffel	**Wasser**	
¾ Teelöffel	**Salz,** wenig **Pfeffer**	alles kurz mitdämpfen, ca. 10 Min. köcheln, mit den Knödeln anrichten

Portion: 710 kcal, E 35 g, Kh 74 g, F 29 g

EIN KLASSIKER ERLEBT EINE RENAISSANCE

> Knödel sind zurzeit wieder sehr en vogue, vor allem Semmelknödel, das heisst Knödel auf der Basis von Brot. Sie lassen sich einfach formen und zubereiten und – was noch wichtiger ist – prima aromatisieren. In unserem Rezept sind Silserbrötli die Basis, Salami spielt die Hauptrolle und wird in der Nebenrolle von Salbei begleitet: eine köstliche Mischung, harmonisch und rassig zugleich.

KNUSPRIGE MERGUEZ-HOTDOGS

Vor- und zubereiten: ca. 40 Min.
Aufgehen lassen: ca. 1½ Std.
Backen: ca. 18 Min.

Hefeteig

250 g	**Ruchmehl**	
¾ Teelöffel	**Salz**	
2 Esslöffel	**Sesam**	
¼ Teelöffel	**Zucker**	
¼ Würfel	**Hefe** (ca. 10 g), zerbröckelt	alles in einer Schüssel mischen
1½ dl	**Wasser**	beigeben, mischen, zu einem weichen, glatten Teig kneten. Zugedeckt bei Raumtemperatur ca. 1½ Std. aufs Doppelte aufgehen lassen
12	**Merguez** (ca. 420 g)	auf einen Teller legen, trocken tupfen
1 Esslöffel	**scharfer Senf** (z. B. Dijon)	Würste bestreichen

Formen: Teig in 12 Portionen teilen, zu je ca. 45 cm langen Rollen formen, um die Würste wickeln. Teigenden leicht andrücken, auf ein mit Backpapier belegtes Blech legen. Teig mit wenig Wasser bestreichen.

Backen: ca. 18 Min. in der Mitte des auf 220 Grad vorgeheizten Ofens.

Gurkensauce

½ Esslöffel	**Olivenöl**	in einer Pfanne warm werden lassen
1	**Gurke,** geschält, entkernt, grob gerieben	ca. 5 Min. andämpfen
150 g	**Rahmquark**	beigeben, nur noch warm werden lassen
2 Esslöffel	**Pfefferminze,** fein geschnitten	
1	**Knoblauchzehe,** gepresst	beigeben
½ Teelöffel	**Salz,** wenig **Pfeffer**	würzen, zu den Hotdogs servieren

Portion: 604 kcal, E 28 g, Kh 46 g, F 39 g

SLOW FOOD

> Hotdogs gelten gemeinhin als Fast Food und geniessen somit nicht den besten Ruf. Dieses Rezept beweist, dass das nicht so sein muss. Merguez haben dank des hohen Hackfleischanteils einen kernigen Biss. Der Sesam im Teig harmoniert perfekt mit der raffiniert gewürzten Wurst. Und schliesslich sorgt das Pfefferminzjoghurt für eine kühlende und erfrischende Note. Kurz: Diese Hotdogs sind der Hit auf jeder Party.

WURST IST NICHT WURST

Wann die erste Wurst gebraten wurde, weiss heute niemand mehr. Fest steht nur, dass die Spezialität mit den zwei Enden die Menschen schon seit Urzeiten fasziniert. Heute haben Würste in der Schweiz eine der grössten Fangemeinden Europas. Dies könnte nicht zuletzt an Samuel Bell liegen – dem Metzgermeister, der 1869 den Grundstein für die heute grösste Fleischveredelung der Schweiz legte.

Eine Spezialität mit Tradition
Die ersten bekannten Inschriften zur Wurst sind 7000 Jahre alt und stammen aus Babylonien und Ägypten. Ob die Spezialität damals genauso gut schmeckte wie heute, ist nicht bekannt – leider sind keine Rezepte überliefert worden.

Spätestens um 700 vor Christus wurden auch in Griechenland Würste verspeist: Der Dichter Homer vergleicht in seiner Odyssee den unruhigen Schlaf von Odysseus mit dem Wenden eines mit Blut und Fett gefüllten Schweinemagens über offenem Feuer.

Später waren Würste auch im Weströmischen Reich weit verbreitet. Metzger und fahrende Wursthändler entwickelten sich damals zu einem achtbaren Berufsstand. Die Stadtbevölkerung von Rom schätzte vor allem Würste aus zerkleinertem Schweine- und Rindfleisch. Im 11. Jahrhundert wurden dann auch erstmalig im deutschsprachigen Raum Würste gebraten. Die ersten schriftlich erwähnten Würste waren die «Pratwurst» und die «Lebarwurst». Im 12. und 13. Jahrhundert florierte die Wurstherstellung in Frankreich. Als Oberbegriff für alle französischen Würste wurde der Begriff «saucisse» geprägt.

Die Zeit der Zünfte
Im Mittelalter gewann das Metzgergewerbe zunehmend an Bedeutung und Ansehen. Die Wurstherstellung aber blieb gemäss zünftigem Recht ein Privileg der Bräter. Die strengen Qualitätsbestimmungen unterworfene Wurstherstellung wurde verfeinert und erfuhr eine grosse und traditionsreiche Verbreitung.

Das Wurstsortiment wurde immer reichhaltiger: Produkte wurden regelmässig durch neue Zutaten und Gewürze verfeinert. Die bekanntesten Würste waren damals Hirn-, Blut-, Leber-, Brat- und Fleischwurst.

Das Wursten in der Schweiz – eine Erfolgsgeschichte
Mit dem 19. Jahrhundert begann die Renaissance des Wurstens in Europa. Hintergrund waren die Französische Revolution und danach insbesondere das Jahr 1874. Dann nämlich wurde die Gewerbefreiheit in der Schweizer Bundesverfassung verankert. Die Metzger waren somit von der Zunftpflicht befreit, und schon bald erlebte die Wursterei ihren grössten Aufschwung in der Geschichte.

Am 29. März 1869 eröffnete der Metzgermeister Samuel Bell an der Streitgasse 13 in Basel seine «Ochsenmetzg». Er legte damit den Grundstein für die heute grösste und erfolgreichste Fleischveredelung der Schweiz.

1
Samuel Bell-Roth (*1840, †1920), der Gründer der «Ochsenmetzg».

2
An der Elsässerstrasse in Basel wurde die Fabrik von 1982 bis 1999 in drei Etappen neu erbaut. Noch immer befindet sich hier der Hauptsitz sowie der grösste Teil der Charcuterie-Produktion.

3
Das Firmengelände an der Basler Elsässerstrasse anno 1908.

4
Ein Plakat von Romolo Esposito aus dem Jahre 1958. Für Bell waren früher viele bekannte Künstler als Plakatmaler tätig, wie beispielsweise Donald Brun (siehe S. 89) und Herbert Leupin.

5
Fahrradausläufer brachten früher die Bell Produkte zu den glücklichen Kunden.

6
Heute werden die Bell Produkte mit modernen Lastwagen in der ganzen Schweiz verteilt.

Erfolgreicher Visionär: Samuel Bell-Roth

Bis in die 1890er Jahre wurde die «Ochsenmetzg» ausschliesslich als Metzgerei betrieben. Samuel Bell wollte aber auch Würste in sein Sortiment aufnehmen. Er selbst hatte deren Herstellung nicht erlernt, denn das Wursten war noch bis ins 19. Jahrhundert das exklusive Vorrecht der Bräter gewesen. So schickte Bell seinen jüngsten Sohn Rudolf nach abgeschlossener Lehre in eine Wursterei-Ausbildung nach Colmar und anschliessend in verschiedene Grossbetriebe in Paris, Berlin, London, München und Stuttgart, wo Rudolf die neuesten Methoden der Wurstfabrikation kennenlernte.

Der Beginn der modernen Wurstherstellung

Mit dem Ende des 19. Jahrhunderts begann die moderne Wurstherstellung. Elektrisch angetriebene Wurstmaschinen wie Scheffel und Blitz führten zu grossen Qualitätsverbesserungen. Die Würste wurden noch feiner und das Angebot wurde laufend reichhaltiger.

In ganz Europa zählte man bald um die 2000 verschiedene Wurstsorten, allein in der Schweiz über 400.

Aufgrund der grossen Popularität der Produkte konnte die «Ochsenmetzg» als Produktionsbetrieb die Nachfrage bald nicht mehr decken. Deshalb erwarben die Gebrüder Bell ein grosses Areal an der Elsässerstrasse in Basel, wo das Unternehmen noch heute beheimatet ist.

Heute ist Bell die Nummer eins der Schweizer Fleischbranche und gleichzeitig ein internationales Unternehmen. Rund 6500 Mitarbeitende sorgen dafür, dass ein umfangreiches Sortiment an Fleisch, Geflügel, Charcuterie, Seafood sowie zeitgemässen Convenience-Gerichten täglich frisch verteilt wird.

Zur Philosophie von Bell gehört insbesondere, dass regionale Spezialitäten nach wie vor in den Regionen produziert werden – und zwar nach Originalrezepten. Beispielsweise werden die Ostschweizer Spezialitäten von Bell in Gossau SG produziert und die Waadtländer Saucissons in Cheseaux. So sorgt Bell dafür, dass die Wurst auch im nächsten Jahrhundert unsere Esskultur prägen wird. Guten Appetit!

WELCHE WÜRSTE GIBT ES?

Metzger unterscheiden drei Gruppen von Würsten aufgrund ihrer unterschiedlichen Herstellungsweise: Roh-, Koch- und Brühwürste.

Rohwürste (Bild links oben)
Zu den Rohwürsten zählen alle Würste, die während der Produktion nicht erhitzt werden, beispielsweise Salami oder Mettwurst. Hergestellt werden diese Würste aus frischem und gefrorenem Fleisch und Speck, die der Metzger in einer Zerkleinerungs- und Mengmaschine (Blitz oder Kutter) zu einem homogenen Brei verarbeitet, dem sogenannten Brät. Das fertige Brät wird in Natur- oder Kunstdärme abgefüllt und roh in Trocken- oder Reifekammern aufgehängt und allenfalls noch geräuchert.

Die Salami wird nicht geblitzt, sondern in einem eigenen Kutter gescheffelt. Dadurch ist das Schnittbild der Wurst körnig und nicht so fein wie bei einer Brühwurst. Der Reifeprozess wird bei der Salami noch zusätzlich mit einem Edelschimmel auf dem Darm unterstützt. Dieser sorgt für einen kontrollierten Feuchtigkeitsverlust und für das unvergleichliche Aroma der Salami.

Kochwürste
Die Zutaten von Kochwürsten werden vor der Verarbeitung zur Wurstmasse gegart. Die Bindung zwischen den Wurstbestandteilen wird durch erstarrtes Fett (Streichwürste), Gelee (Sulz) oder durch koaguliertes, das heisst verdicktes Bluteiweiss (Blutwurst) erreicht. Im Gegensatz zu Brühwürsten bleiben Kochwürste beim Erhitzen nicht schnittfest, sondern zerfliessen mehr oder weniger. Nach dem Abfüllen in Därme werden Kochwürste noch einmal in heissem Wasser oder im Wasserdampf durchgegart.

Brühwürste (Bild links unten)
Zu dieser Gattung gehören die häufigsten und beliebtesten Würste wie Bratwürste, Cervelats und Wienerli. Zur Brätherstellung wird bei den Brühwürsten rohes Fleisch zusammen mit Salz, Gewürzen und weiteren Zutaten geblitzt oder gekuttert. Besonders wichtig im Produktionsprozess ist die Zugabe von Eis: Letzteres garantiert eine knackige, saftige und gut gebundene Wurst.

TIPPS FÜR DIE ZUBEREITUNG

WÜRSTE GRILLIEREN

> Würste nur leicht einritzen und nicht tief einschneiden. Ausnahme: die beiden Enden eines Cervelats.

> Die Kalbsbratwurst wird nicht eingeschnitten, da sie eine feine Haut hat, die durch die Ausdehnung des Bräts von alleine schön aufplatzt.

> Würste vor dem Braten oder Grillieren nie schälen. Ausnahme: der Aussteller.

> Zum Wenden von Würsten nie eine Gabel verwenden: Die Gabel verletzt die Wurst und lässt den Saft auslaufen.

> Würste sollten nicht bei zu hoher Temperatur gebraten oder grilliert werden. Generell soll man sich immer Zeit nehmen beim Grillieren und Kochen.

WÜRSTE ZIEHEN LASSEN

> Würste müssen mit Wasser bedeckt sein.

> Würste knapp unter dem Siedepunkt ziehen lassen. Das Wasser darf nie kochen, das würde der Konsistenz und dem Geschmack schaden und die Würste zum Platzen bringen.

> Für Würste mit einer Kochzeit unter 20 Min. (z. B. Wienerli, Weisswürste): Pfanne mit Wasser füllen, aufkochen, Platte ausschalten, Würste ins Wasser geben, zugedeckt ziehen lassen.

> Für Würste mit einer Kochzeit über 20 Min. (z. B. Blutwürste, Saucissons): Pfanne mit Wasser füllen, aufkochen, Hitze reduzieren, Würste ins Wasser geben, offen bei kleinster Hitze knapp unter dem Siedepunkt ziehen lassen.

> Tipp: (Bild unten rechts) So spritzen Würste nicht beim Anschneiden: Ein Stück Brot auf die Wurst legen, mit einer Gabel durchs Brot stechen. Das Brot saugt den Saft auf.

> Hinweis: Angaben auf der Verpackung beachten oder sich vom Metzger beraten lassen.

ALPHABETISCHES VERZEICHNIS

A
Appenzeller Siedwursttopf 52
Arbeiter-Cordon-bleu 42

B
Bell Würstli mit Quitten-Chutney 72
Bettys Currywurst 39
Blutwurst auf Rahmwirz, chüschtige 34
Boutefas und Spinat, Risotto mit 60
Bratwurst-Frittata 14
Brezeln, Weisswürstchen mit 48
Brioche-Töpfli mit Saucisses aux choux 30

C
Cake, Würstli-Mississippi- 22
Capuns mit Salsiz 56
Cervelat, Herbstsuppe mit paniertem 68
Cherry-Tomaten mit Wurst-Crumble 77
Chili con Wurst 78
Chüschtige Blutwurst auf Rahmwirz 34
Cipollata-Chräbsli, Ofenkürbis mit 45
Cipollatas im Pastateig 17
Cordon-bleu, Arbeiter- 42
Currywurst, Bettys 39

F
Faustbrote 13
Frankfurterli, Gugelhopf mit 10
Frittata, Bratwurst- 14

G
Gerstensupppe mit Knackerli, Zitronen- 32
Grillschnecken, Peperonifladen mit 80
Gugelhopf mit Frankfurterli 10

H
Härdöpfelsalat, Züri-Chräbs mit 28
Herbstsuppe mit paniertem Cervelat 68
Hörnli mit Wurstgulasch 38
Hotdogs, knusprige Merguez- 86

K
Kapitel
– Deftig und wärmend 66–87
– Fingerfood und Vorspeisen 4–25
– Nostalgiegerichte 26–49
– Regionale Spezialitäten 50–65
– Wurst ist nicht Wurst 88–93
Käse-Salat mit Rettich, Wurst- 8
Kichererbsentopf mit Rauchwürstli 82
Kissen, Wienerli- 6
Knackerli, Zitronen-Gerstensuppe mit 32
Knödel mit Krautstiel, Salami- 84
Knusprige Merguez-Hotdogs 86

L
Landjäger Art, Spaghetti 33
Lasagne mit Schüblig, Zucchini- 74
Lauwarmer Wurstsalat 64
Leberwurst mit Rösti und Zwiebelsauce 36
Linsentopf mit Merguez 70
Luganighe-Maistaler mit Rüeblisalat 62

M
Maistaler mit Rüeblisalat, Luganighe- 62
Merguez, Linsentopf mit 70
Merguez-Hotdogs, knusprige 86
Mississippi-Cake, Würstli- 22

O
Ofenkürbis mit Cipollata-Chräbsli 45
Ofenwurst mit Speck und Zucchini 44

P
Papet vaudois 46
Pastateig, Cipollatas im 17
Patties, Waadtländer 24
Penne mit Treberwurst, Senf- 58
Peperonifladen mit Grillschnecken 80

Q
Quitten-Chutney, Bell Würstli mit 72

R
Rahmwirz, chüschtige Blutwurst auf 34
Randen, Wurstguck mit 40
Rauchwürstli, Kichererbsentopf mit 82
Ravioli, würzige 76
Rettich, Wurst-Käse-Salat mit 8
Risotto mit Boutefas und Spinat 60
Rösti und Zwiebelsauce, Leberwurst mit 36
Rüeblisalat, Luganighe-Maistaler mit 62

S
Salamiknödel mit Krautstiel 84
Salamiwaffeln mit Tomatensalat 18
Salsiz, Capuns mit 56
Saucisses aux choux, Brioche-Töpfli mit 30
Schüblig, Zucchini-Lasagne mit 74
Senf-Penne mit Treberwurst 58
Siedwursttopf, Appenzeller 52
Spaghetti Landjäger Art 33
Speck und Zucchini, Ofenwurst mit 44
Spiessli mit Wasabi-Dip, Wurst- 12
Spinat, Risotto mit Boutefas und 60

T
Tarte-Tatin, Wurst- 54
Tatar, Wurst- 16
Tomatensalat, Salamiwaffeln mit 18
Treberwurst, Senf-Penne mit 58

V
Vaudois, Papet 46

W
Waadtländer Patties 24
Waffeln mit Tomatensalat, Salami- 18
Wasabi-Dip, Wurstspiessli mit 12
Weisswürstchen mit Brezeln 48
Wienerli-Kissen 6
Wurscht-Chüechli 20
Wurst, Chili con 78
Wurst-Crumble, Cherry-Tomaten mit 77
Wurst-Käse-Salat mit Rettich 8
Wurst-Tarte-Tatin 54
Wurst-Tatar 16
Wurstguck mit Randen 40
Wurstgulasch, Hörnli mit 38
Würstli-Mississippi-Cake 22
Wurstsalat, lauwarmer 64
Wurstspiessli mit Wasabi-Dip 12
Würzige Ravioli 76

Z
Zitronen-Gerstensuppe mit Knackerli 32
Zucchini, Ofenwurst mit Speck und 44
Zucchini-Lasagne mit Schüblig 74
Züri-Chräbs mit Härdöpfelsalat 28
Zwiebelsauce, Leberwurst mit Rösti und 36

Alle Rezepte in diesem Buch sind, wo nicht anders vermerkt, für 4 Personen berechnet.

Massangaben
Alle in den Rezepten angegebenen Löffelmasse entsprechen dem Betty Bossi Messlöffel.

Nährwertberechnung
Wenn für Bratbutter oder Öl zum portionenweise Anbraten in den Zutaten keine Menge angegeben ist, gehen wir von ½ Esslöffel pro Portion aus.
Ist bei einer Zutat eine Alternative erwähnt, z. B. Weisswein oder Bouillon, so wird immer die erstgenannte Zutat berechnet.
Nur wenn Alkohol in einem Rezept vollständig eingekocht wird, enthält er keine Kalorien mehr. Wird er zur Hälfte eingekocht, enthält er die Hälfte an Kalorien, ansonsten wird er voll berechnet.

Ofentemperaturen
Gelten für das Backen und Braten mit Ober- und Unterhitze. Beim Backen und Braten mit Heissluft verringert sich die Back- bzw. Brattemperatur um ca. 20 Grad. Beachten Sie die Hinweise des Backofenherstellers.

Quellennachweis
Das im Buch abgebildete Geschirr und Besteck sowie die Dekorationen stammen aus Privatbesitz.

Ein Muss für jede Küche!

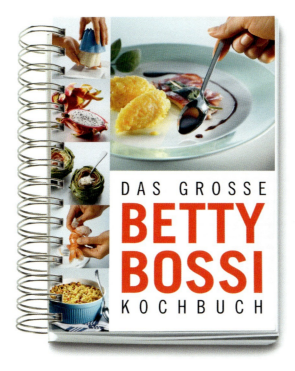

Dieses umfassende Buch mit vielen Grundrezepten, über 600 Bildern und noch mehr Tipps und Tricks. Ideal für Einsteiger, die mit Spass kochen möchten, aber auch geübten Köchinnen und Köchen leistet dieses Buch beste Dienste, sei es als Nachschlagewerk oder als Inspirationsquelle.

> Art. 27018.998

> Bestellen Sie mit der nachfolgenden Bestell-Karte oder unter www.bettybossi.ch

KUCHEN, CAKES UND TORTEN

93 neue und bewährte, einfache und anspruchsvolle, ausgefallene und traditionelle, alles wohlerprobte und für gut befundene Rezepte. Viele nützliche Tipps für sicheres Gelingen und hübsches Dekorieren.

> Art. 20024.998

DAS NEUE GUETZLIBUCH

Klassische Weihnachtsguetzli mit neuen Kreationen und die feinsten Schoggiguetzli zum Verwöhnen. Köstliche Guetzli, schnell gemacht, und eine Auswahl der besten Vollkornguetzli. Dazu Ideen für hübsche Verpackungen.

> Art. 20902.998

DAS ANDERE GRILLIERBUCH

Milde und pikante Marinaden, Geflügel, Fisch oder Fleisch, feines Gemüse, aromatische Früchte und raffinierte Beilagen. Rezepte für den Grill, aber auch für Backofen oder Grillpfanne. Dazu Tipps und Tricks rund um Feuer und Glut.

> Art. 20904.998

FEINE SAUCEN UND PASSENDE GERICHTE

Helle und dunkle Saucen, dazu passende, raffinierte Fleisch-, Geflügel- und Fischgerichte. Klassische Saucen und neue, pfiffige Varianten. Eine Fülle von kalten Saucen für feine Apéro-Häppchen sowie Tipps und Tricks.

> Art. 20910.998

VIELSEITIGE KÄSEKÜCHE

Neue Rezeptideen, so abwechslungsreich und vielseitig wie der Käse selber: klein, fein und schnell, besonders leicht, aus dem Backofen, Unkompliziertes für Gäste und süsse Versuchungen mit Quark. Dazu Tipps rund um den Käse.

> Art. 20920.998

NEUE ALLTAGSREZEPTE

Eine Fülle neuer Rezepte für jeden Tag, ob für die Familie, für zwei Personen oder sogar für unerwartete Gäste. Wir präsentieren schnelle, saisonale, einfache, aber nicht minder pfiffige Gerichte.

> Art. 20922.998

KULINARISCHE FERIENTRÄUME

Sonne, Meer, feine Düfte und Erinnerungen an köstliche Gerichte. Rezepte für Vorspeisen, Hauptgerichte und Süsses aus den vier beliebtesten Ferienländern, begleitet von praktischen Tipps und einer übersichtlichen Warenkunde.

> Art. 20924.998

GÄSTE VERWÖHNEN – LEICHT GEMACHT

Verführerische Rezepte mit ausführlichen Vorbereitungstipps, damit viel Zeit für die Gäste bleibt. Vier raffinierte Dinners und zwölf köstliche Drei-Gang-Menüs sorgen das ganze Jahr hindurch für unvergessliche Einladungen.

> Art. 20926.998

WEIHNACHTSZAUBER

Eine Fülle von Ideen für drinnen und draussen, ob als Tisch-, Platz- oder Raumdekorationen. Sie alle sind schnell gemacht und lassen sich wirkungsvoll präsentieren.

> Art. 20928.998

KOCHVERGNÜGEN FÜR ZWEI

Für den kleinen Haushalt: warme und kalte, leichte und währschafte Gerichte. Pfiffige, unkomplizierte Rezepte für jeden Tag und alle Jahreszeiten. Schnelles für Eilige, dazu verführerische 2-Gang-Menüs für Geniesser.

> Art. 20930.998

GAUMENFREUDEN

Erfolgsrezepte aus der Betty Bossi Kochschule für Geflügel, Fleisch und Fisch mit interessanten Tipps und zahlreichen Informationen zu den Zutaten. Gerichte, deren Zubereitung Spass macht. Das Resultat lässt Geniesser schwelgen!

> Art. 20932.998

GRATINS UND AUFLÄUFE

Köstliches aus dem Ofen, ganz einfach zubereitet. Im Mittelpunkt steht die Vielfalt des Gemüses, kombiniert beispielsweise mit Teigwaren, Kartoffeln, Fleisch oder Fisch. Dazu ein Kapitel mit süssen Überraschungen.

> Art. 20934.998

FESTE FEIERN

Ein Buch voller Ideen für schön gedeckte Tische, wirkungsvolle, unkomplizierte Kleinigkeiten, die jedes Fest noch schöner werden lassen, dazu einige Köstlichkeiten aus der Küche.

> Art. 20936.998

DESSERTS FÜR ALLE

Raffinierte Desserts zum Verlieben! Cremen, Sorbets, Törtchen und vieles mehr! Hier kommen Dessert-Fans ins Schwärmen. Süsses mal luftig, mal eisig, auch knusprig oder fruchtig frisch. Diese Gaumenfreuden krönen jedes feine Essen.

> Art. 20938.998

ANTIPASTI & PASTA

Für alle Fans der italienischen Küche: die herrlichsten Vorspeisen, viele neue Pasta-Saucen für jede Jahreszeit, Salate, Suppen und Köstlichkeiten aus dem Ofen. Das ist pure italienische Lebensfreude auf dem Teller.

> Art. 20942.998

DIE BELIEBTESTEN REZEPTE

Die Lieblingsrezepte unserer Abonnentinnen und Abonnenten aus der Betty Bossi Zeitung, erstmals in einem Buch veröffentlicht: Fleisch-, Geflügel- und Fischgerichte, Feines mit Gemüse, tolle Desserts und Mitbringsel zum Brillieren.

> Art. 20948.998

DAS NEUE SALATBUCH

Viele neue Rezepte für Salatgenuss rund ums Jahr: raffinierte Vorspeisen, leichte Hauptgerichte und schnelle Beilagen. Dazu 3 Salat-Buffets mit Vorbereitungstipps, über 70 Salatsaucen sowie wertvolle Informationen rund um den Salat.

> Art. 27000.998

AUS 1 PFANNE

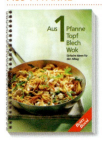

Schnelle Alltagsrezepte mit wenigen Zutaten und nur einer Pfanne: Überraschendes mit Spätzli, Rösti, Teigwaren, Fleisch und Poulet. Dazu ein paar neue, unkomplizierte Wok-Gerichte. Unkompliziert geniessen ist so einfach.

> Art. 27002.998

BACKSTUBE

80 neue Rezepte für Cakes, Kuchen, Strudel, Blechkuchen, Wähen und Muffins, mit süssen Früchten und cremigen Füllungen. Das kleine Back-Abc und viele Tipps sichern Ihren Backerfolg und den süssen Genuss.

> Art. 27004.998

REISKÜCHE

Einfach in der Zubereitung, leicht im Genuss: 35 herrliche Risotto-Varianten als Vorspeise, Beilage oder Hauptgericht, dazu kreative Rezepte für Tätschli, Gratins, Salate, 28 raffinierte Beilagen und verführerische Dessertideen.

> Art. 27006.998

NIEDERGAREN – LEICHT GEMACHT

Zarter und saftiger kann Fleisch nicht sein! Die besten Stücke von Rind, Kalb, Schwein, Lamm, Kaninchen, Reh und Geflügel. Dazu 65 neue, raffinierte Saucen, viele Marinaden, Tipps und Tricks unserer Profis.

> Art. 27010.998

CAKE-FESTIVAL

Cakes sind schnell gemacht und schmecken allen. Feines für die Weihnachtszeit, viele neue Rezepte und einige heiss begehrte Klassiker. Besonders raffiniert: pikante Cakes zum Brunch oder Apéro. Dazu originelle Deko-Tipps.

> Art. 27012.998

FEINES MIT GEFLÜGEL

Viele neue, leichte Rezepte mit Poulet, Truthahn, Ente und Strauss. Knuspriges aus dem Ofen, delikat Geschmortes und Sommerliches vom Grill, feine Vorspeisen, einige Klassiker aus fernen Ländern und viele Tipps rund um Geflügel.

> Art. 27016.998

GESUND GENIESSEN

Schlank bleiben oder schlank werden mit unseren feinen Frühstücksideen, mit kalten und warmen Gerichten mit Fleisch, Poulet, Fisch und vegetarisch. Dazu himmlische Desserts und viele Tipps rund um die gesunde Ernährung.

> Art. 27022.998

WUNDERBAR HALTBAR

Selbstgemacht schmeckts am besten: Konfitüren, Gelees, Sirup, Feines in Essig und Öl, Dörrfrüchte, hausgemachte Bouillon – alles ganz natürlich. Dazu viele schnelle Rezepte mit den selbstgemachten Delikatessen und viele Tipps für sicheres Gelingen.

> Art. 27024.998

GSCHNÄTZLETS & GHACKETS

Schnell, gut, günstig: kleine Mahlzeiten, Vorspeisen, Pasta-Saucen, Eintöpfe, Gerichte aus dem Ofen, Gschnätzlets und Ghackets mit feinen Saucen, Hamburger- und Tatar-Variationen. Dazu Tipps und eine Pannenhilfe für Saucen.

> Art. 27026.998

BACKEN IN DER WEIHNACHTSZEIT

Neue Ideen für eine stimmungsvolle Adventszeit: 35 Sorten schnelle, einfache und traditionelle Guetzli, weihnachtliche Gugelhöpfe, Glühwein-Mini-Savarins, Stollen, Lebkuchen, Biberli, Birnenweggen, Grittibenzen und Dreikönigskuchen.

> Art. 27028.998

NEUE GEMÜSEKÜCHE

Bunt, gesund und kreativ: neue, einfache Rezepte mit einheimischem Gemüse, speziell für den Alltag geeignet. Beilagen, leichte Vorspeisen, feine Salate und unkomplizierte Hauptgerichte. Mit cleveren Tipps und einer Saisontabelle.

> Art. 27034.998

WÄHEN, PIZZAS, FLAMMKUCHEN

Super Rezepte und Tipps für schnelle Wähen, süss und pikant, klassisch und überraschend neu. Dazu die besten Rezepte für Pizza, Focaccia und raffinierte Flammkuchen. Sie entscheiden: Teig selber machen oder kaufen.

> Art. 27036.998

SCHNELLE VORSPEISEN, HÄPPCHEN & TAPAS

Feines zum Aperitif, raffinierte Vorspeisen und Salate zum Brillieren, Knuspriges aus dem Ofen und herrliche Tapas. Alle Rezepte sind schnell und einfach, dennoch mit einer Prise Glamour. Dazu viele Tipps rund ums Anrichten und Garnieren.

> Art. 27038.998

FASZINATION CURRY

Würzige Schmorgerichte, herzhafte Kokoscurrys, leichte Gerichte mit Fisch und Meeresfrüchten – dieses Buch bietet eine Vielfalt vom einfachen Bauerncurry bis zur königlichen Köstlichkeit.

> Art. 27040.998

KARTOFFELN

Viele neue Rezepte mit der Wunderknolle, schnell, einfach und dennoch raffiniert: aromatische Hauptgerichte, feine Beilagen, knackige Salate und schnelle Suppen. Dazu wie immer wertvolle Tipps rund um die Kartoffel.

> Art. 27042.998

PLÄTZLI & STEAKS

Suchen Sie Alternativen zum ewigen Schnipo? Voilà: jede Menge Abwechslung und kreative Ideen, dazu viele neue Saucen. Wir haben Plätzli und Steaks gefüllt und umhüllt, aufgespiesst und gerollt. Dazu feine «Plätzli»-Ideen für Vegis.

> Art. 27044.998

FISCH UND MEERESFRÜCHTE

Gesund, leicht, raffiniert und vielseitig: neue, köstliche Rezepte für Vorspeisen, Suppen, Salate und Hauptgerichte. Dazu einige superschnelle Kreationen sowie Tipps für nachhaltigen Fischgenuss.

> Art. 27050.998

MARKTFRISCHE KÜCHE

Frisch, leicht und überzeugend: saisonale Rezepte, schnell und unkompliziert, mit einheimischen Zutaten. Denn: Das Gute liegt so nah! Verfeinert wird mit frischen Kräutern aus dem Kloster- und Bauerngarten.

> Art. 27052.998

EINFACH ASIATISCH   320 Seiten!

Die beliebtesten Gerichte und Neuentdeckungen aus den beliebtesten asiatischen Ländern: Thailand, Vietnam, China, Japan, Indonesien, Malaysia und Indien. Die Rezepte sind einfach nachzukochen, leicht und gesund.

> Art. 27054.998

FESTTAGE ZUM GENIESSEN

Mit diesen Hitrezepten wird Weihnachten, Silvester und jeder andere Feiertag zum kulinarischen Fest – für alle. Mit der richtigen Rezeptauswahl geniessen auch die Gastgeber in brillanter und entspannter Festtagslaune.

> Art. 27056.998

BRUNCH

Tolle Ideen für Ihren Brunch: kleine Delikatessen im Glas, knuspriges, süsses und pikantes Gebäck. Dazu überraschende Ideen rund um Brot und Ei. Dann das süsse Finale für alle Naschkatzen und Desserttiger.

> Art. 27058.998

GRATINS & …

Lust auf einen heissen Flirt? Dann aufgepasst: Diese Gratins und Aufläufe verführen Sie nach allen Regeln der Kunst. Die Kapitel: die Schnellen, die Leichten, zum Vorbereiten, die Edlen (für Gäste) und Fixes vom Blech.

> Art. 27060.998

TAKE 4

Die Idee: Mini-Einkauf, schnelle Zubereitung und viel Genuss. Das Resultat: schnelle, einfache Rezepte für Verwöhnmomente. Dazu eine clevere Vorratsliste auch für Haushalte, in denen nicht täglich gekocht wird.

> Art. 27066.998

SCHWIIZER CHUCHI

Traditionsreiche Klassiker, neue, marktfrische Küche mit einheimischen Zutaten. Dazu Klassiker, neu interpretiert: aus denselben Zutaten ist ein neues Gericht entstanden, aber immer noch «ächt schwiizerisch».

> Art. 27046.998

GESUND & SCHLANK

Mit Genuss essen, satt werden und dabei erst noch gesund abnehmen. Mit den feinen und ausgewogenen Rezepten in diesem Buch zum persönlichen Wohlfühlgewicht. Zusätzliche Unterstützung bietet der hilfreiche Ratgeberteil.

> Art. 27064.998

ECHT ITALIENISCH

Wir laden Sie ein zu einer kulinarischen Italienreise durch alle Regionen unseres südlichen Nachbarlandes. Es gibt neben heiss geliebten Traditionsrezepten auch viel Neues zu entdecken! Mediterrane Küche zum Schwelgen.

> Art. 27068.998

LUST AUF WURST

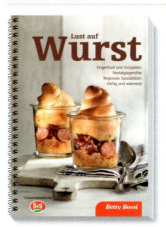

Herrliche Gerichte mit Schweizer Würsten in vier Kapiteln: Fingerfood & Vorspeisen, Nostalgiegerichte, regionale Spezialitäten und deftig & wärmend. Dazu natürlich viele Tipps und Tricks rund um die Wurst.

> Art. 27070.998

Weitere Betty Bossi Vorteile!

Betty Bossi Zeitung

> 10× jährlich
> Zeitung – mit Rezepten, die sicher gelingen!
> Bücher – zum Vorzugs-Preis!
> Spezial-Angebote – clevere Küchenhelfer!

Bestellen Sie mit der nachfolgenden Bestell-Karte oder unter www.bettybossi.ch

Betty Bossi online

> 24 Stunden für Sie da!
> Alle Neuigkeiten auf einen Blick
> Einfache Navigation
> Schnelle Bestellung
> Kostenloser Newsletter
> Noch mehr Rezepte und wertvolle Tipps

www.bettybossi.ch

Betty Bossi Spezial-Angebote

> Von Betty Bossi erprobt, von Betty Bossi empfohlen!
> Clevere Helfer für Küche und Haushalt
> Innovative Eigenentwicklungen

Bestellen Sie unter www.bettybossi.ch

Geschenkkarte für die Betty Bossi Zeitung

Und so einfach gehts:
1. Bestell-Karte vollständig ausfüllen und an uns senden.
2. Mit der ersten Ausgabe der Betty Bossi Zeitung informieren wir die beschenkte Person, von wem sie das Geschenk-Abo erhalten hat.

Ja, ich bestelle hiermit ein Jahres-Abo der Betty Bossi Zeitung (10 Ausgaben) für nur Fr. 21.90.*

Gewünschte Sprache:
☐ deutsche Ausgabe (6510000.998)
☐ französische Ausgabe (6520000.998)

Das Abo ist für: ☐ Frau ☐ Herr

Name:
Vorname:
Strasse:
PLZ/Ort:

Die Rechnung geht an: ☐ Frau ☐ Herr

Name:
Vorname:
Strasse:
PLZ/Ort:

* Jahres-Abo: Preis Inland: Fr. 21.90, Preis Ausland: Fr. 30.–. Preisänderung vorbehalten.

Bestell-Karte für die Betty Bossi Zeitung

Ihre Abo-Vorteile:
> Die Zeitung bietet Ihnen saisonale Rezepte mit Geling-Garantie und unzählige Tipps.
> Unsere neuen Kochbücher erhalten Sie mindestens 5 Franken günstiger.
> Nützliche und praktische Küchen- und Haushaltshilfen erleichtern Ihren Alltag.
> Mit dem Abo erhalten Sie online vollen Zugriff auf eine riesige Rezept-Datenbank.

Ja, ich bestelle hiermit ein Jahres-Abo der Betty Bossi Zeitung (10 Ausgaben) für nur Fr. 21.90.*

Gewünschte Sprache:
☐ deutsche Ausgabe (6510000.998)
☐ französische Ausgabe (6520000.998)

Die Rechnung geht an: ☐ Frau ☐ Herr

Name:
Vorname:
Strasse:
PLZ/Ort:

* Jahres-Abo: Preis Inland: Fr. 21.90, Preis Ausland: Fr. 30.–. Preisänderung vorbehalten.

Betty Bossi

Bitte frankieren

Bitte senden Sie mir weitere Bestell-Karten zu.

Anzahl: _____

**Betty Bossi
Die Ideenküche
CH-6009 Luzern**

Betty Bossi

Bitte frankieren

Bitte senden Sie mir weitere Bestell-Karten zu.

Anzahl: _____

**Betty Bossi
Die Ideenküche
CH-6009 Luzern**

Bestell-Karte für Betty Bossi Kochbücher

Anzahl	Artikel	Preis*		Anzahl	Artikel	Preis*		Anzahl	Artikel	Preis*
	Kuchen, Cakes und Torten	20024.998	Fr.21.90		Das neue Salatbuch	27000.998	Fr.21.90		Kartoffeln	27042.998	Fr.21.90
	Das neue Guetzlibuch	20902.998	Fr.21.90		Aus 1 Pfanne	27002.998	Fr.21.90		Plätzli & Steaks	27044.998	Fr.21.90
	Das andere Grillierbuch	20904.998	Fr.21.90		Backstube	27004.998	Fr.21.90		Schwizer Chuchi	27046.998	Fr.36.90
	Feine Saucen und passende Gerichte	20910.998	Fr.21.90		Reisküche	27006.998	Fr.21.90		The Swiss Cookbook	27048.998	Fr.36.90
	Vielseitige Käseküche	20920.998	Fr.21.90		Niedergaren – leicht gemacht	27010.998	Fr.21.90		Fisch und Meeresfrüchte	27050.998	Fr.21.90
	Neue Alltagsrezepte	20922.998	Fr.21.90		Cake-Festival	27012.998	Fr.21.90		Marktfrische Küche	27052.998	Fr.36.90
	Kulinarische Ferienträume	20924.998	Fr.21.90		Feines mit Geflügel	27016.998	Fr.21.90		Einfach asiatisch	27054.998	Fr.21.90
	Gäste verwöhnen – leicht gemacht	20926.998	Fr.21.90		Das grosse Betty Bossi Kochbuch	27018.998	Fr.49.90		Festtage zum Geniessen	27056.998	Fr.21.90
	Weihnachtszauber	20928.998	Fr.19.90		Gesund geniessen	27022.998	Fr.21.90		Brunch	27058.998	Fr.21.90
	Kochvergnügen für zwei	20930.998	Fr.21.90		Wunderbar haltbar	27024.998	Fr.21.90		Gratins &….	27060.998	Fr.21.90
	Gaumenfreuden	20932.998	Fr.21.90		Gschnätzlets & Ghackets	27026.998	Fr.21.90		Gesund & Schlank	27064.998	Fr.21.90
	Gratins und Aufläufe	20934.998	Fr.21.90		Backen in der Weihnachtszeit	27028.998	Fr.21.90		Take 4	27066.998	Fr.21.90
	Feste feiern	20936.998	Fr.19.90		Neue Gemüseküche	27034.998	Fr.21.90		Echt italienisch	27068.998	Fr.36.90
	Desserts für alle	20938.998	Fr.21.90		Wähen, Pizzas, Flammkuchen	27036.998	Fr.21.90		Lust auf Wurst	27070.998	Fr.16.90
	Antipasti & Pasta	20942.998	Fr.21.90		Schnelle Vorspeisen, Häppchen & Tapas	27038.998	Fr.21.90				
	Die beliebtesten Rezepte	20948.998	Fr.21.90		Faszination Curry	27040.998	Fr.21.90				

Die Rechnung geht an: ☐ Frau ☐ Herr

Kundennummer:

Name:

Vorname:

Strasse:

PLZ/Ort:

*Preisänderung vorbehalten, zzgl. Versandkostenanteil

Anzahl: ____

Bitte senden Sie mir weitere Bestell-Karten zu.

Betty Bossi
Die Ideenküche
CH-6009 Luzern

Betty Bossi

Bitte frankieren